이 책을 추천합니다!

어느 자리에서나 유창한 말보다는 시의적절한 한두 마디 문장이 더 값져 보일 때가 있습니다. 외국어도 마찬가지인 것 같습니다. 적절한 상황에서 사용하는 한두 마디 문장만으로도 유쾌한 대화를 할 수 있습니다. 이 책이 여러분의 유쾌한 3개국어 학습의 첫걸음이 되길 바랍니다.

윤종신(가수, 작곡가)

대한민국에서 박현영 선생님만큼 다국어 학습의 노하우를 잘 알고 있는 강사도 없을 것 같습니다. '슈퍼맘잉글리시'로 인해 검증받은 영어 기초 학습의 진수를 중국어와 일본어에도 그대로 적용해 왕초보들에게 가장 필요한 기초표현 365개를 담아냈습니다. 이 책 한 권이면 여러분도 3개 국어, 시작할 수 있습니다!

문단열(성신여자대학교 교수, 잉글리시시어터어학원 강사)

외국어는 의지만 가지면 원어민처럼 유창하게 해낼 수 있습니다. 그러기 위해서는 바쁘더라도 짬을 내서 기초표현부터 착실하게 듣고 말해보는 일이 무척 중요합니다. 이 책은 매일 기초문장을 듣고 일주일에 한 번씩 말해볼 수 있도록 구성되어 있습니다. 하루 1분만 투자해보세요. 1년 후, 기초표현의 달인이 된 자신을 만날 수 있을 겁니다!

김대균(김대균어학원 원장)

이 책의 활용법

STEP 1

탁상 달력처럼 손 닿는 곳 가까이에 올려두고 수시로 살펴보세요.

STEP 2

본문 하단에 실린 QR을 찍어서 3개국어의 원어민 발음을 들으며 따라 해보세요.

STEP 3

각 언어의 문장과 단어의 유사성을 확인하면 더 쉽게 암기할 수 있습니다. 영어와 중국어는 주어·서술어·목적어의 기본 뼈대가 같고, 중국어와 일본어는 같은 한자권 언어여서 유사한 단어가 많으므로 더 쉽게 암기할 수 있습니다. 동일한 문장을 어떻게 다르게 표현하는지 확인하면서 문화권의 차이도 한 번에 느낄 수 있습니다.

STEP 4

학습을 완료한 문장에는 스티커를 붙여 진도를 체크하세요. 꾸준히 한 문장씩 연습하다 보면 365일 뒤에는 자연스럽게 3개국어의 기초 표현을 구사하는 여러분을 만날 수 있을 것입니다.

001

성함이 어떻게 되십니까?

What's your name?

What's~? 무엇입니까? 어떻게 됩니까?
What's your address? 주소가 어떻게 됩니까?

你叫什么名字？
Nǐ jiào shén me míng zi
니 찌아오 션 머 밍 즈

什么[shén me] 무엇
名字[míng zi] 성함

お名前は何ですか？
오 나마에 와 난 데 스 카

何(なん) 무엇
お名前(なまえ) 성함

—

내 이름은 박진입니다.

My name is Jin Park.

name 이름
My family name is Park. 내 성은 박씨입니다.

我叫朴珍。

Wǒ jiào Piáo Zhēn
워 찌아오 피아오 쩐

我[wǒ] 나
叫[jiào] ~라고 부르다

わたし　なまえ
私の名前はパクジンです。
와타시노 나마에 와 박 진 데 스

私(わたし)の 나의
名前(なまえ) 이름

003

—

어디에 사시나요?

Where do you live?

live 살다
He lives alone. 그는 혼자 살아요

你 住 在 哪 里 ?

Nǐ zhù zài nǎ li
니 쮸 짜이 나 리

住[zhù] 살다
哪里[nǎ li] 어디에

どこにお住まいですか？

도 코 니 오 스 마 이 데 스 카

どこに 어디에
お住(す)まい 사시는 곳
住(す)む 살다

004

—

저는 서울에 살아요.

I live in Seoul.

live in~ ~에 살다
I live in Jejudo. 난 제주도에 살아요.

我 住 在 首 尔 。
Wǒ zhù zài Shǒu ěr
워 쮸 짜이 셔우 얼

我[wǒ] 나
住[zhù] 살다

わたし　　　　　　　　す
私 は ソ ウ ル に 住 ん で い ま す 。
와타시와　서울　　　니　슨　데이마스

私(わたし) 나
住(す)む 살다
住(す)んで 살고
います 있습니다

005

—

고향이 어디세요?

Where are you from?

Where~? 어디세요?
Where is he from? 그는 고향이 어디에요?

你 从 哪 里 来 ?
Nǐ cóng nǎ li lái
니 충 나 리 라이

哪里[nǎ li] 어디
从[cóng] ~에서

こきょう
故 郷 は ど こ で す か ?
고 쿄-와 도 코 데 스 카

故郷(こきょう) 고향
どこ 어디

006

—

한국에서 왔습니다.

I'm from Korea.

be from ~출신이다, 고향이 ~이다, ~에서 오다
He is from Japan. 그는 일본에서 왔어요.

我 从 韩 国 来 。
Wǒ cóng Hán guó lái
워 충 한 궈 라이

韩国[Hán guó] 한국

韓国 から 来 ました 。
かんこく　　　　き
칸코쿠　카　라　키　마　시　타

韓国(かんこく) 한국

	영어	중국어	일본어
성함이 어떻게 되십니까?	☐	☐	☐
내 이름은 박진입니다.	☐	☐	☐
어디에 사시나요?	☐	☐	☐
저는 서울에 살아요.	☐	☐	☐
고향이 어디세요?	☐	☐	☐
한국에서 왔습니다.	☐	☐	☐

—

이 분은 톰입니다.

This is Tom.

This is~ 이 분은~ 입니다, 이 사람은 ~이다
This is my boss. 이 분은 제 상사입니다

这 位 是 汤 姆 。

Zhè wèi shì Tāng Mǔ
쩌 웨이 슬 탕 무

这位是~[zhè wèi shì] 이 사람은~ 이다

かた
この方はトムさんです。

고 노 카타 와 토 무 상 데 스

この方(かた) 이분
この人(ひと) 이사람

—

만나서 반갑습니다.

Nice to meet you.

nice to~ ~해서 반갑다, ~해서 좋다
It is nice to be here. 여기 오니 좋네요.

认识你，很高兴。

Rèn shi nǐ hěn gāo xìng
런 슬 니 헌 까오 씽

认识~[rèn shi] 만나다, 알다
~很高兴[hěn gāo xìng] ~해서 반갑다

あ うれ
会えて嬉しいです。

아 에 테 우레 시 이데 스

嬉(うれ)しい 반갑다
会(あ)う 만나다
会(あ)えて 만나서

말씀 많이 들었습니다.

I heard so much about you.

hear about ~ ~에 대해 듣다
I heard about the accident. 그 사고에 대해 들었어요.

久 仰 久 仰 。

Jiǔ yǎng jiǔ yǎng
지우 양 지우 양

久仰[jiǔ yǎng] 많이 듣다

^{はなし} ^{うかが}
お 話 は よ く 伺 っ て お り ま す 。

오 하나시 와 요 쿠 우카갓 테 오 리 마 스

お話(はなし) 말씀
よく 많이
伺(うかが)う '듣다'의 존댓말
聞(き)く 듣다
おります '있습니다'의 겸양어

011

—

연락하며 지냅시다.

Let's keep in touch.

keep in touch~ 연락하다
You need to keep in touch with your sister.
네 여동생과 연락하며 지내거라.

保 持 联 系 吧 。
Bǎo chí lián xi ba
바오 츨 리엔 시 바

保持[bǎo chí] 지속하다, 지속적으로
~吧[~ba] ~하자

れんらく　　あ
連 絡 し 合 い ま し ょ う 。
렌라쿠　시　아　이　마　　쇼

連絡(れんらく)する 연락하다
し合(あ)う 서로~ 하다
~ましょう ~(합)시다

012

—

또 만나요.

See you again.

see ~ again ~를 다시 만나다
I want to see him again. 그 남자를 다시 만나고 싶어요.

再 见 。
Zài jiàn
짜이 찌엔

再[zài] 다시
见[jiàn] ~를 만나다

また^あ会いましょう。
마 타 아 이 마 쇼

また 다시
会(あ)う 만나다

013

—

만나서 반가웠습니다.

It was nice meeting you.

It was nice ~ ing ~해서 반가웠다, ~해서 좋았다
It was nice talking to you. 대화 나누어서 즐거웠습니다.

见 到 你 ， 很 高 兴 。

Jiàn dào   nǐ   hěn gāo xìng
찌엔 따오 니   헌   까오 씽

见到~[jiàn dào] 만남, 만나다
~很高兴[hěn gāo xìng] 좋았다

お会いできて嬉しかったです。
<ruby>会<rt>あ</rt></ruby> <ruby>嬉<rt>うれ</rt></ruby>
오 아 이 데 키 테 우레 시 캇 타 데 스

お会(あ)いできて 만나서(만날 수 있어서)
嬉(うれ)しかった 반가웠다, 기뻤다

	영어	중국어	일본어
이 분은 톰입니다.	☐	☐	☐
만나서 반갑습니다.	☐	☐	☐
말씀 많이 들었습니다.	☐	☐	☐
연락하며 지냅시다.	☐	☐	☐
또 만나요.	☐	☐	☐
만나서 반가웠습니다.	☐	☐	☐

015

—

그렇군요.

I see.

see 알다, 이해하다
Do you see what I mean? 내 뜻을 알겠어요?

明 白 了。

Míng bai　le
밍　바이 러

明白[míng bai] 이해하다, 알다

そうですか。

소 － 데 스 카

そうだ 그렇다

016

—

그래요?

Is that right?

Is that~? 그게 ~인가요?
Is that true? 그게 사실인가요?

是 吗 ?
Shì ma
슬   마

是[shì] ~이다

そうですか？
소 － 데 스 카

そうだ 그렇다

017

—

진짜예요?

Really?

really 진짜로
I'm really serious. 난 진짜 심각해요.

真 的 吗 ?
Zhēn de ma
쪈 더 마

真的[zhēn de] 진짜

ほんとう
本 当 に ?
혼 또- 니

本当(ほんとう) 진짜

018

—

물론이죠.

Of course.

Of course 물론이다
A: Can I eat this? 이거 먹어도 돼요?
B: Of course you can. 물론이지.

当 然 了 。
Dāng rán le
땅　란　러

当然[dāng rán] 당연하다, 물론이다

もちろん
勿 論 で す 。
모찌론　데　스

勿論(もちろん) 물론

019

—

알겠습니다.

I got it.

get it 이해하다, 알다
Do you get it? 이해하겠어요? 알겠어요?

知 道 了 。

Zhī dào le
즈 따오 러

知道[zhī dào] 이해하다, 알다

わ
分 か り ま し た 。

와 카 리 마 시 타

分(わ)かる 이해하다, 양해하다

020

—

이해합니다.

I understand.

understand 이해하다
I didn't quite understand you.
당신의 말을 제대로 이해하지 못했습니다.

我 懂 。
Wǒ dǒng
워 둥

懂[dǒng] 알다, 이해하다

わ
分 か り ま す 。
와 카 리 마 스

分(わ)かる 알다, 이해하다

	영어	중국어	일본어
그렇군요.	☐	☐	☐
그래요?	☐	☐	☐
진짜에요?	☐	☐	☐
물론이죠.	☐	☐	☐
알겠습니다.	☐	☐	☐
이해합니다.	☐	☐	☐

022

—

실례합니다.

Excuse me.

Please excuse my behavior. 제 행동을 용서하세요.

打 扰 一 下 。
Dǎ rǎo yí xià
다 라오 이 씨아

打扰[dǎ rǎo] 실례하다
一下[yí xià] 조금, 잠깐

しつれい
失 礼 し ま す 。
시츠레이 시 마 스

失礼(しつれい)する 실례하다

—

죄송합니다.

I'm sorry.

be sorry 미안하다, 죄송하다
I'm sorry for my mistake. 실수해서 죄송합니다.

对 不 起 。
Duì bu qǐ
뚜이 부 치

す
済 み ま せ ん 。
스 미 마 셍

済(す)まない 미안하다

024

—

괜찮아요.

It's all right.

be all right 괜찮은
Are you going to be all right? 괜찮으시겠어요?

没关系。
Méi guān xi
메이 꽌 시

<ruby>大丈夫<rt>だいじょうぶ</rt></ruby>

大丈夫です。
다이 죠- 부 데 스

大丈夫(だいじょうぶ) 괜찮다

025

—

신경 쓰지 마세요.

Never mind.

mind 신경 쓰다
Do you mind if I smoke? 제가 담배 펴도 되겠습니까?
(담배 피는 것에 신경 쓰냐는 질문)

不 要 介 意 。
Bú yào jiè yì
부   야오 찌에 이

不要[bú yào] ~하지 마
介意[jiè yì] 신경 쓰다

き
気 に し な い で く だ さ い 。
키 니 시 나 이 데 쿠 다 사 이

気(き)にする 신경 쓰다

026

매우 감사합니다.

Thank you very much.

very much 매우 많이, 매우
I love him very much. 나는 그를 매우 사랑해요.

非常感谢。

Fēi cháng gǎn xiè
페이 챵 간 씨에

非常[fēi cháng] 매우 많이
感谢[gǎn xiè] 당신에게 감사드린다

どうもありがとうございます。

도 우 모 아 리 가 또 - 고 자 이 마 스

천만에요.

You're welcome.

> A: Thank you for dinner. 저녁식사 고맙습니다.
> B: You're welcome. 천만에요.

不 客 气。
Bú kè qi
부 커 치

どういたしまして。
도 - 이 타 시 마 시 테

	영어	중국어	일본어
실례합니다.	☐	☐	☐
죄송합니다.	☐	☐	☐
괜찮아요.	☐	☐	☐
신경 쓰지 마세요.	☐	☐	☐
매우 감사합니다.	☐	☐	☐
천만에요.	☐	☐	☐

029

—

그냥 둘러보는 중이에요.

I'm just looking around.

look around 둘러보다
I'll look around one more time. 한 번 더 둘러볼게요.

我 随 便 看 看 。

Wǒ suí biàn kàn kan
워 쉐이 삐엔 칸 칸

随便[suí biàn] 그냥, 마음대로
看看[kàn kan] 보다, 둘러보다

み
見 て い る と こ ろ で す 。

미 테 이 루 토 코 로 데 스

見(み)ている 구경하고 있다
~ているところ ~고 있는 중

—

이거 살게요.

I'll take it.

take 사다
I'll take that bag. 그 가방을 살게요.

我 要 买 这 个 。

Wǒ yào mǎi zhè ge
워 야오 마이 쩌 거

买[mǎi] 사다

これ、買います。
^か

고 레, 카 이 마 스

買(か)う 사다

—

계산대가 어디죠?

Where's the counter?

counter 계산대
I'm looking for the counter. 계산대를 찾고 있어요.

收银台在哪里?
Shōu yín tái zài nǎ li
셔우 인 타이 짜이 나 리

收银台[shōu yín tái] 계산대

レジはどこですか?
레 지 와 도 코 데 스 카

レジ(れじ) 계산대
どこ 어디

032

—

그건 얼마에요?

How much is it?

How much~? ~는 얼마에요?
How much is this hat? 이 모자는 얼마에요?

那 个 多 少 钱 ?

Nà　ge　duō shǎo qián
나　거　둬　샤오 치엔

多少[duō shǎo] 얼마의
钱[qián] 돈

それ は いく ら です か ?

소 레 와 이 쿠 라 데 스 카

いくら 얼마

033

—

너무 비싸요.

It's too expensive.

expensive 비싼
It looks expensive. 그건 비싸 보인다.

太 贵 了 。
Tài guì le
타이 꿰이 러

太~[tài] 너무 ~
贵[guì] 비싼

たか
高 す ぎ ま す 。
타카 스 기 마 스

高(たか)い 비싸다
~すぎ 너무 ~한

034

—

깎아주세요.

Give me a discount.

discount 할인
Can I get a discount? 할인해주세요.

便 宜 一 点 吧 。
Pián yi　yì　diǎn ba
피엔 이　이　디엔　바

便宜[pián yi] 싸다
一点[yì diǎn] 조금

ま け て く だ さ い 。
마 케 테 쿠 다 사 이

まける 깎다
くれる 주다

	영어	중국어	일본어
그냥 둘러보는 중이에요.	☐	☐	☐
이거 살게요.	☐	☐	☐
계산대가 어디죠?	☐	☐	☐
그건 얼마에요?	☐	☐	☐
너무 비싸요.	☐	☐	☐
깎아주세요.	☐	☐	☐

—

퇴근 후에 뭐 하세요?

What are you doing after work?

after work 퇴근 후에
I always go to the library after work.
나는 퇴근 후에 늘 도서관으로 갑니다.

你 下 班 后 做 什 么 ?
Nǐ xià bān hòu zuò shén me
니 씨아 빤 허우 쭤 션 머

下班后[xià bān hòu] 퇴근 후
做[zuò] 하다

たいしゃご　　　なに
退 社 後 は 何 を し ま す か ?
타이샤 고 와 나니 오 시 마 스 카

退社後(たいしゃご) 퇴근 후
何(なに) 무엇
する 하다
します 합니다

037

—

주말엔 뭐 하세요?

What are you doing this weekend?

this weekend 이번 주말
Let's go biking this weekend. 이번 주말에 자전거 타러 가요.

你 这 个 周 末 做 什 么 ?

Nǐ zhè ge zhōu mò zuò shén me
니 쪄 거 쪄우뭐 쭤 션 머

这个周末[zhè ge zhōu mò] 이번 주말

しゅうまつ なに
週 末 は 何 を し ま す か ?

슈-마츠 와 나니 오 시 마 스 카

週末(しゅうまつ) 주말

038

—

저녁 약속이 있어요.

I have a dinner appointment.

appointment 약속
I have a hair appointment. 미장원 약속이 있어요.

晚 上 有 约 会 。
Wǎn shang yǒu yuē huì
완 샹   여우 웨 훼이

晚上[wǎn shang] 저녁
约会[yuē huì] 약속

ゆうしょく やくそく
夕 食 の 約 束 が あ り ま す 。
유-슈쿠 노 야쿠소쿠 가 아 리 마 스

夕食(ゆうしょく) 저녁
約束(やくそく) 약속

즐거운 시간 보내세요.

Have a good time.

have a good time 좋은 시간 보내다
I had a good time at the housewarming party.
집들이 때 즐거웠어요.

祝 你 愉 快 。
Zhù nǐ yú kuài
쮸 니 위 콰이

祝[zhù] 바라다
愉快[yú kuài] 즐겁다, 즐겁게 보내다

たの じかん す
楽しい時間をお過ごしください。
타노시 - 지 캉 오 오 스 고 시 쿠 다 사 이

楽(たの)しい 즐거운
時間(じかん) 시간
過(す)ごす 지내다,보내다
~ください ~세요

040

—

주말 잘 보내세요.

Have a nice weekend!

have 가지다
Have fun at the party! 파티 때 즐거운 시간 가지세요.

祝 你 周 末 愉 快 。
Zhù nǐ zhōu mò yú kuài
쮸 니 쩌우 뭐 위 콰이

周末[zhōu mò] 주말
愉快[yú kuài] 즐겁다, 즐겁게 보내다

しゅうまつ　　　す
よい週末をお過ごしください。
요 이 슈마츠오 오 스 고 시 쿠 다 사 이

よい 좋은
週末(しゅうまつ) 주말

041

—

즐거우셨어요?

Did you have a good time?

Did you~? ~하셨어요?
Did you send the text? 문자 보내셨나요?

过 得 愉 快 吗 ?
Guò de   yú kuài ma
꿔 더   위 콰이 마

过[guò] 지내다
愉快[yú kuài] 즐겁다, 즐겁게 보내다

たの
楽 し か っ た で す か ?
타노시   캇 타 데 스 카

楽(たの)しい 즐겁다

	영어	중국어	일본어
퇴근 후에 뭐 하세요?	☐	☐	☐
주말엔 뭐 하세요?	☐	☐	☐
저녁 약속이 있어요.	☐	☐	☐
즐거운 시간 보내세요.	☐	☐	☐
주말 잘 보내세요.	☐	☐	☐
즐거우셨어요?	☐	☐	☐

043

—

오늘 저녁 한잔 어때요?

How about a drink tonight?

How about~ ~는 어때요?
How about a coffee break? 커피휴식 시간 어때요?

今天晚上喝一杯，怎么样？
Jīn tiān wǎn shang hē yì bēi zěn me yàng
찐 티엔 완 상 흐어 이 뻬이 전 머 양

今天晚上[jīn tiān wǎn shang] 오늘 밤
喝一杯[hē yì bēi] 술 한잔 하다
~怎么样？[zěn me yàng？] ~는 어때요?

こんや　　いっぱい
今夜、一杯どうですか？
콩 야　 잇 빠이 도 - 데 스 카

今夜(こんや) 오늘 밤
一杯(いっぱい) 술 한잔
どうですか？ 어때요?

044

—

미안하지만 안 돼요.

I'm sorry, I can't.

I'm sorry~ ~가 미안하다
I'm sorry I couldn't be there. 못 가서 미안해요.

对 不 起 ， 我 不 能 去 。

Duì bu qǐ,   wǒ bù néng qù
뛔이 부 치,   워 뿌 넝 취

对不起[duì bu qǐ] 미안하다
不能[bù néng] 할 수 없다

す み ま せ ん が 、 だ め で す 。

스 미 마 셍 가 다 메 데 스

すみません 미안하다
～が ~지만
だめ 할 수 없다, 안 된다

045

—

물론이죠, 갈게요.

Sure, I'll go.

sure 물론인
Sure, let's go. 물론이죠, 가요.

当 然 , 我 能 去 。

Dāng rán,　　wǒ néng　qù

땅　란,　　워　넝　취

当然[dāng rán] 물론이다
能[néng] 할 수 있다
去[qù] 가다

もちろん　　　　　　　い
勿 論 で す . 行 き ま す 。

모찌론 데 스,　이 키 마 스

勿論(もちろん) 물론
行(い)く 가다
行(い)きます 갑니다

046

—

와주셔서 감사합니다.

Thank you for coming.

Thank you for~ ~에 대해 감사하다
Thank you for the present. 선물 감사합니다.

谢 谢 你 能 来 。
Xiè xie nǐ néng lái
씨에 시에 니 넝 라이

谢谢[xiè xie] 감사합니다
来[lái] 오다

き　　　　　　あ　が と
来てくれて有り難うございます。
키 테 쿠 레 테 아 리 가토- 고 자 이 마 스

来(く)る 오다
来(き)て 와
くれて (상대방이 나에게) 줘서
有(あ)り難(がと)うございます 감사합니다

047

초대해주셔서 감사합니다.

Thank you for inviting me.

invite 초대하다

Who do you want to invite? 누구를 초청하고 싶으신가요?

谢 谢 你 邀 请 我 。

Xiè xie nǐ yāo qǐng wǒ

씨에 시에 니 야오 칭 워

邀请[yāo qǐng] 초대하다

ご 招 待 有 り 難 う ご ざ い ま す 。

しょうたいあ　　がと

고　쇼-타이 아 리 가토 - 고 자 이 마 스

招待(しょうたい) 초대

ご招待(しょうたい) 초대의 존댓말

048

오늘 정말 즐거웠어요.

I had a good time today.

today 오늘
good time 좋은 시간, 즐거운 시간
Did you have a good time? 즐거운 시간 보내셨어요?

今 天 过 得 非 常 愉 快 。

Jīn tiān guò de fēi cháng yú kuài
찌엔티엔 꿔 더 페이 창 위 콰이

今天[jīn tiān] 오늘
非常[fēi cháng] 정말

きょう　　　　　たの
今日はとても楽しかったです。

교- 와 토 테 모 타노시 캇 타 데 스

今日(きょう) 오늘
とても 정말, 매우
楽(たの)しい 즐겁다
楽(たの)しかった 즐거웠다

	영어	중국어	일본어
오늘 저녁 한 잔 어때요?	☐	☐	☐
미안하지만 안 돼요.	☐	☐	☐
물론이죠, 갈게요.	☐	☐	☐
와주셔서 감사합니다.	☐	☐	☐
초대해주셔서 감사합니다.	☐	☐	☐
오늘 정말 즐거웠어요.	☐	☐	☐

—

오늘 날씨 어때요?

How's the weather today?

the weather 날씨
These days the weather is so good. 요즘 날씨가 좋아요.

今天天气怎么样？
Jīn tiān tiān qì   zěn me yàng
찐 티엔 티엔 치   전 머   양

今天[jīn tiān] 오늘
天气[tiān qì] 날씨

きょう　　　てんき
今日の天気はどうですか？
쿄- 노 텐 끼 와 도- 데 스 카

今日（きょう）오늘
天気（てんき）날씨

051

—

화창해요.

It's sunny.

sunny 화창한
Korea is sunny now. 한국은 지금 화창합니다.

很晴朗。

Hěn qíng lǎng
헌 칭 랑

晴朗[qíng lǎng] 화창한

いい天気です。
이 이텐 끼데 스

いい 좋은
天気(てんき) 날씨

052

—

추워요.

It's cold.

cold 추운
China is cold now. 중국은 지금 춥습니다.

很 冷 。
Hěn lěng
헌 　 렁

冷[lěng] 추운

さむ
寒 い で す 。
사무 이 데 스

寒(さむ)い 춥다

053

—

더워요.

It's hot.

hot 더운
It's hot inside the bus. 버스 안은 덥습니다.

很 热 。
Hěn rè
헌 르어

热[rè] 더운

あつ
暑 い で す 。
아츠 이 데 스

暑(あつ)い 덥다

054

—

비가 와요.

It's rainy.

rainy 비가 오는
I don't like rainy days. 난 비오는 날이 싫어요.

下 雨 了 。
Xià yǔ le
씨아 위 러

下雨[xià yǔ] 비가 오는

あめ　ふ
雨 が 降 っ て い ま す 。
아메 가　훗　떼 이 마 스

雨(あめ) 비
降る(ふる) 내리다
降(ふ)리ます 내립니다

055
—
눈이 와요.

It's snowy.

snowy 눈이 오는
I love snowy days. 난 눈 오는 날이 좋아요.

下 雪 了 。
Xià xuě le
씨아 쉬에 러

下雪[xià xuě] 눈이 오는

ゆき　ふ
雪 が 降 っ て い ま す 。
유끼 가　　훗　떼 이 마 스

雪(ゆき) 눈

	영어	중국어	일본어
오늘 날씨 어때요?	☐	☐	☐
화창해요.	☐	☐	☐
추워요.	☐	☐	☐
더워요.	☐	☐	☐
비가 와요.	☐	☐	☐
눈이 와요.	☐	☐	☐

057

—

이건 뭐예요?

What's this?

What's~? ~은 무엇입니까?
What's for lunch? 점심은 뭐죠?

这 是 什 么 ？
Zhè shì shén me
쩌 슬 션 머

这[zhè] 이것
什么[shén me] 무엇

これ は 何 で す か ？
　 　 　 なん
고 레 와 난 데 스 카

何(なん) 무엇
これ 이것

058

—

이건 뭐라고 불려요?

What is this called?

be called~ ~라고 불리다
It's called a ladle. 그것은 '국자'라고 불려요.

这 叫 什么 ?
Zhè jiào shén me
쩌 찌아오 션 머

这[zhè] 이것
叫~[jiào] 불리다

これ は 何 と い い ま す か ?
코 레 와 난 토 이 이 마 스 카

これ 이것
いう 불리다

059

—

지금 몇 시에요?

What time is it?

What time~? 몇 시
What time is the meeting? 회의가 몇 시죠?

现在几点了？

Xiàn zài   jǐ   diǎn le
씨엔 짜이 지 디엔 러

现在[xiàn zài] 지금
几点[jǐ diǎn] 몇 시

いま   なんじ
今、何時ですか？

이마   난 지 데 스 카

今(いま) 지금
何時(なんじ) 몇 시

060

오늘이 무슨 요일이에요?

What day is it?

What day~? 무슨 요일
What day are we going on a business trip?
무슨 요일에 출장 가나요?

今 天 星 期 几 ?
Jīn tiān xīng qī jǐ
찐 티엔 씽 치 지

星期几[xīng qī jǐ] 무슨 요일

きょう なん ようび
今 日 は 何 曜 日 で す か ?
교- 와 낭 요-비 데 스 카

何曜日(なんようび) 무슨 요일

—

오늘이 며칠이죠?

What date is it today?

What date~? 며칠
What date is your birthday? 생일이 며칠이에요?

今 天 几 号 ？

Jīn tiān jǐ hào
찌엔티엔 지 하오

几号[jǐ hào] 며칠

きょう　　　なんにち
今 日 は 何 日 で す か ？

교-　　와 난니치 데 스 카

何日(なんにち) 며칠

062

—

오늘이 무슨 날이지?

What's the occasion?

occasion 특별한 행사, 특별한 일
Is there a special occasion today?
오늘 무슨 특별한 일이 있나요?

今 天 是 什 么 日 子 ?
Jīn tiān shì shén me rì zi
찌엔 티엔 슬 션 머 르 즈

日子[rì zi] 행사, 특별한 때

きょう　　なん　　ひ
今 日 は 何 の 日 ?
교-　　와 난 노 히

日(ひ) 날

	영어	중국어	일본어
이건 뭐예요?	☐	☐	☐
이건 뭐라고 불려요?	☐	☐	☐
지금 몇 시예요?	☐	☐	☐
오늘이 무슨 요일이에요?	☐	☐	☐
오늘이 며칠이죠?	☐	☐	☐
오늘이 무슨 날이지?	☐	☐	☐

064

방을 예약하려고 합니다.

I'd like to reserve a room.

reserve 예약하다
I reserved a table for two. 2인석 테이블 예약했습니다.

我 要 预 定 房 间 。
Wǒ yào yù dìng fáng jiān
워 야오 위 띵 팡 지엔

预定[yù dìng] 예약하다
房间[fáng jiān] 방

へや　　　よやく
部 屋 を 予 約 し ま す 。
헤 야 오 요야쿠 시 마 스

部屋(へや) 방
予約(よやく)する 예약하다

065

—

체크인 하려고 합니다.

I'd like to check in.

check in 입실 수속하다, 입실하다
What time will you check in? 몇 시에 입실하실 건가요?

我 要 登 记 住 宿 。
Wǒ yào dēng jì zhù sù
워 야오 떵 찌 쮸 쑤

登记住宿[dēng jì zhù sù] 입실하다

おも
チェックインしようと思います。
체   크 인 시 요 - 토 오모 이 마 스

チェックイン 입실하다
しようと 하고자
思(おも) います 생각합니다

066

—

체크아웃 하려고 합니다.

I'd like to check out.

check out 퇴실 수속하다, 퇴실하다
Check out time is 11 am. 퇴실 시간은 오전 11시입니다.

我 要 退 房 。
Wǒ yào tuì fáng
워 야오 퉤이 팡

退房[tuì fáng] 퇴실하다

おも
チェックアウトしようと思います。
체　　크 아 우 토 시 요 - 토 오모 이 마 스

チェックアウト 퇴실하다

이 금액이 총 지불액인가요?

Is this the total amount due?

total amount due 지불해야 할 총 금액
The total amount is $800. 총액은 800달러입니다.

这 是 总 额 吗 ?
Zhè shì zǒng é ma
쩌 슬 중 어 마

总额[zǒng é] 총액, 총금액

ぜんがく
これ で 全 額 です か ?
고 레 데 젠가쿠 데 스 카

全額(ぜんがく) 총액, 총금액

068

두 시까지 짐 좀 맡아주세요.

Can you keep my bags until two?

keep one's bags 가방을 지키다, 가방을 보관하다
I'll keep your bag here. 당신의 가방을 여기에 보관할게요.

帮 我 托 管 行 李 到 两 点 ， 好 吗 ？

Bāng wǒ tuō guǎn xíng li dào liǎng diǎn　　hǎo ma

빵　워　퉈　구안　싱　리　따오　리앙　디엔　　하오　마

帮[bāng] 돕다
托管[tuō guǎn] 보관하다
行李[xíng li] 짐
~到[~dào] ~까지

２時まで荷物を預かってください。
じ　　　にもつ　あず

니　지　마　데　니모츠　오　아즈　캇　　테　쿠　다　사　이

荷物(にもつ) 짐
〜まで ~까지
預(あず)かる 맡다
預(あず)かって 맡아

069

—

이게 무슨 요금이죠?

What's this charge for?

charge 요금

This charge is a service fee. 이 요금은 봉사료입니다.

这 是 什 么 费 用 ?

Zhè shì shén me fèi yòng

쪄 슬 션 머 페이 융

费用[fèi yòng] 요금

なん りょうきん
これ は 何 の 料 金 で す か ?

코 레 와 난 노 료- 킨 데 스 카

料金(りょうきん) 요금

	영어	중국어	일본어
방을 예약하려 합니다.	☐	☐	☐
체크인 하려고 합니다.	☐	☐	☐
체크아웃 하려고 합니다.	☐	☐	☐
이 금액이 총 지불액인가요?	☐	☐	☐
두 시까지 짐 좀 맡아주세요.	☐	☐	☐
이게 무슨 요금이죠?	☐	☐	☐

071

—

잘 해내실 겁니다.

You'll make it.

make it 해내다
I'm sure you're going to make it. 당신이 꼭 해내리라 믿어요.

你 能 做 到 的 。
Nǐ néng zuò dào de
니 넝 쭤 따오 더

做到[zuò dào] 해내다

でき
出来ますよ。
데 키 마 스 요

出来(でき)る 해내다

072

—

제가 해냈어요!

I made it!

make it 해내다
He made it easily. 그는 쉽게 해냈어요.

我 做 到 了 ！

Wǒ zuò dào le
워 쭤 따오 러

做到[zuò dào] 해냈다

<ruby>私<rt>わたし</rt></ruby> や り ま し た ！
와타시야 리 마 시 타

やる 하다, 해내다
やりました 했습니다, 해냈습니다

—

정말 기뻐요.

I'm so happy.

so happy 매우 기쁜
He was so happy to get a bonus.
그는 보너스를 받아 매우 기뻤다.

我 好 高 兴 。

Wǒ hǎo gāo xìng
워 하오 까오 씽

好高兴[hǎo gāo xìng] 너무나 기쁜

ほんとう　うれ
本 当 に 嬉 しい です 。

혼 토- 니 우레 시 이 데 스

本当(ほんとう)に 정말, 너무나
嬉(うれ)しい 기쁘다

—

좋은 소식이네요.

That's good news!

good news 좋은 소식
I heard the good news. 좋은 소식을 들었어요.

真是个好消息！

Zhēn shì ge   hǎo xiāo xi
쩐   슬   거   하오 시아오 시

好消息[hǎo xiāo xi] 좋은 소식

よ　し
良い知らせですね。

요 이 시 라 세 데 스 네

良(よ)い 좋은
知(し)らせ 소식

075

—

축하합니다.

Congratulations!

Congratulations on~ ~을 축하드립니다.
Congratulations on your promotion! 승진을 축하드립니다!

恭 喜 你 。
Gōng xǐ　nǐ
꿍　시　니

恭喜[gōng xǐ] 축하하다

お め で と う ご ざ い ま す ！
오 메 데 토 - 고 자 이 마 스

おめでとう 축하하다

해내셨군요!

You made it!

make it 해내다
I'm glad you finally made it. 결국 해내시니 기쁩니다.

你 成 功 了 !
Nǐ chéng gōng le
니 청 꿍 러

成功[chéng gōng] 해냈다

やりましたね！
야 리 마 시 타 네

やる 하다, 해내다
やりました 했습니다, 해냈습니다

077

—

review

	영어	중국어	일본어
잘 해내실 겁니다.	☐	☐	☐
제가 해냈어요!	☐	☐	☐
정말 기뻐요.	☐	☐	☐
좋은 소식이네요.	☐	☐	☐
축하합니다.	☐	☐	☐
해내셨군요!	☐	☐	☐

078

—

John Kim씨를 만나러 왔습니다.

I'm here to meet John Kim.

here to~ ~기 위해 오다
I'm here to give a speech. 발표하러 왔습니다.

我 来 见 John Kim。

Wǒ lái jiàn John Kim
워 라이 찌엔 존 킴

来[lái] 오다
见[jiàn] 만나다

ジョンキムさんに会いに来ました。

존 키 무 상 니 아 이 니 키 마 시 타

会(あ)う 만나다
会(あ)いに 만나러
来(く)る 오다
来(き)ました 왔습니다

079

성함을 알려주세요.

May I have your name?

May I have~? ~를 주세요
May I have your cell phone number?
휴대전화 번호를 알려주세요.

请 告 诉 我 您 的 名 字 。
Qǐng gào su wǒ nín de míng zi
칭 까오 수 워 닌 더 밍 즈

告诉[gào su] 알리다, 알려주다
名字[míng zi] 성함

なまえ　　　　おし
お 名 前 を 教 え て く だ さ い 。
오 나마에 오 오시 에 테 쿠 다 사 이

お名前(なまえ) 성함
教(おし)える 가르치다, 알리다
教(おし)えて 가르쳐, 알려

—

약속이 되어 있으신가요?

Do you have an appointment?

have an appointment 약속이 잡혀 있다. 약속되어 있다
I have an appointment for 2 o'clock. 2시 약속이 잡혀 있어요.

您 有 预 约 吗 ？
Nín yǒu yù yuē ma
닌 여우 위 웨 마

预约[yù yuē] 약속하다

やくそく   す
約 束 は お 済 み で す か ？
아쿠소쿠 와 오 스 미 데 스 카

約束(やくそく) 약속
済(す)む 완료되다, 되다

—

2시에 만나기로 되어 있어요.

We're supposed to meet at two.

be supposed to~ ~하기로 되어 있다
We're supposed to have dinner tonight.
오늘밤 저녁식사를 하기로 되어 있어요.

约 好 了 两 点 见 面 。
Yuē hǎo le liǎng diǎn jiàn miàn
웨 하오 러 리앙 디엔 찌엔 미엔

约好~[yuē hǎo] ~하기로 되어 있다
见面[jiàn miàn] 만나다

２時に会うことになっています。
じ　あ
니 지 니 아 우 코 토 니 낫 테 이 마 스

~ことになっている ~기로 되어 있다

—

이쪽으로 오세요.

This way, please.

this way 이쪽
Your room is this way. 당신의 방은 이쪽입니다

请 这 边 来 。
Qǐng zhè biān lái
칭 쩌 삐엔 라이

这边[zhè biān] 이쪽으로

こちらにどうぞ。
코 치 라 니 도 - 조

こちら 이쪽
どうぞ 어서(어떤 행동을 촉구할 때 쓰는 말)

—

기다리고 계십니다.

He's been expecting you.

expect 기다리다
I've been expecting you for over an hour.
한 시간 넘게 기다리고 있었어요.

他 在 等 您 。
Tā zài děng nín
타 짜이 덩 닌

等[děng] 기다리다

ま
待っておられます。
맛 테 오 라 레 마 스

待(ま)つ 기다리다
待(ま)って 기다리고
おられる 계시다

	영어	중국어	일본어
John Kim씨를 만나러 왔습니다.	☐	☐	☐
성함을 알려주세요.	☐	☐	☐
약속이 되어 있으신가요?	☐	☐	☐
2시에 만나기로 되어 있어요.	☐	☐	☐
이쪽으로 오세요.	☐	☐	☐
기다리고 계십니다.	☐	☐	☐

085

—

기다리시게 해서 죄송합니다.

Sorry to keep you waiting.

keep someone waiting ~를 기다리게 하다
Please don't keep me waiting. 기다리게 하지 말아요

对 不 起 ， 让 您 久 等 了 。
Duì bu qǐ, ràng nín jiǔ děng le
뛔이 부 치, 랑 닌 지우 덩 러

对不起[duì bu qǐ] 죄송하다
让~久等[ràng ~jiǔ děng] ~를 기다리게 하다

お待たせして申し訳ありません。
오 마 타 세 시 테 모-시 와케 아 리 마 센

待(ま)たせる 기다리게 하다
申(もう)し訳(わけ)ありません 죄송합니다

다시 만나서 좋아요.

It's good to see you again.

It's good to~ ~하는 게 좋다
It's good to get out of the city. 도심에서 벗어나서 좋아요.

很 高 兴 再 次 见 到 您 。

Hěn gāo xìng　zài　cì　jiàn dào　nín
헌　까오　씽　짜이　츠　찌엔　따오　닌

很高兴~[hěn gāo xìng] 반갑다
再次[zài cì] 다시
见[jiàn] 만나다

また お 会 いできて 嬉 しいです。
あ　　　　　　　うれ
ま 타 오 아 이 데 키 테 우레 시 - 데 스

また 다시
会(あ)う 만나다
お会(あ)いできて 뵙게 돼서
嬉(うれ)しい 기쁘다

087

—

와주셔서 감사합니다.

Thank you for coming.

Thank you for~ ~셔서 감사합니다
Thank you for helping me. 나를 도와주셔서 감사합니다.

谢 谢 光 临 。

Xiè xie guāng lín

씨에 시에 꾸앙 린

谢谢[xiè xie] 고맙습니다
光临[guāng lín] 오다

き
来てくださって、有難うございます。
　　　　　　　　　　　　ありがと

키 테 쿠 다 샷 테,　아리가토- 고 자 이 마 스

来(き)てくださって　와주셔서
有難(ありがと)うございます　감사합니다

088

—

직접 뵙게 되어 반갑습니다.

I'm glad to meet you in person.

in person 직접
I saw Michael Jackson in person. 마이클 잭슨을 직접 봤어요.

很 高 兴 能 当 面 见 到 您 。
Hěn gāo xìng néng dāng miàn jiàn dào nín
헌 까오 씽 넝 땅 미엔 찌엔 따오 닌

当面[dāng miàn] 직접
见[jiàn] 만나다

お会いできて嬉しいです。
오 아 이 데 키 테 우레 시 이 데 스

会(あ)う 만나다
嬉(うれ)しい 반갑다

089

—

제 명함입니다.

Here's my card.

card 명함(=business card)
Did I give you my card? 제 명함을 드렸나요?

这 是 我 的 名 片 。
Zhè shì wǒ de míng piàn
쪄 슬 워 더 밍 피엔

名片[míng piàn] 명함

わたし めいし
私 の 名 刺 です 。
와타시노 메- 시 데 스

名刺(めいし) 명함

—

톰이라고 불러주세요.

Please call me Tom.

call 부르다
You can call me Kim. 저를 Kim이라고 부르시면 돼요

你 可 以 叫 我 汤 姆 。

Nǐ　kě　yǐ　jiào　wǒ Tāng Mǔ
니　커　이　찌아오　워　탕　무

叫[jiào] 부르다

トムと呼んでください。

토 무 토 욘 　데 쿠 다 사 이

〜と ~라고
呼(よ)ぶ 부르다
呼(よ)んで 불러
ください ~주세요

	영어	중국어	일본어
기다리시게 해서 죄송합니다.	☐	☐	☐
다시 만나서 좋아요.	☐	☐	☐
와주셔서 감사합니다.	☐	☐	☐
직접 뵙게 되어 반갑습니다.	☐	☐	☐
제 명함입니다.	☐	☐	☐
톰이라고 불러주세요.	☐	☐	☐

092

—

환전소가 어디인가요?

Where can I change my money?

change one's money 환전하다
I want to change my dollars. 달러를 환전하고 싶습니다.

外 汇 兑 换 处 在 哪 里 ?

Wài huì duì huàn chù zài nǎ li

와이 훼이 뛔이 환 츄 짜이 나 리

外汇[wài huì] 외화, 외환
兑换[duì huàn] 환전하다

がいかりょうがえしょ
外貨両替所はどこですか?

가이 카 료- 가에 쇼 와 도 코 데 스 카

外貨(がいか) 외화
両替所(りょうがえしょ) 환전소
どこ 어디

이것을 엔화로 바꾸어주세요.

Change this into yens.

change A into B A 를 B로 바꾸다
I changed dollars into wons. 달러를 원화로 바꾸었어요.

请给我兑换日元。

Qǐng gěi wǒ duì huàn Rì yuán
칭 게이 워 뛔이 환 르 위엔

兑换[duì huàn] A를 B로 바꾸다

これを円に換えてください。

コ 레 오 엔 니 카 에 테 쿠 다 사 이

円(えん) 엔화
換(か)える 바꾸다
換(か)えて 바꿔
ください 주세요

잔돈으로 바꾸어주세요.

Break this into small change.

break A into B (큰 단위) A를 (작은 단위) B로 바꾸다
I'll break 50 dollars into five 10-dollar bills.
50달러를 10달러짜리 5장으로 바꾸려고요.

请 给 我 换 成 零 钱 。
Qǐng gěi wǒ huàn chéng líng qián
칭 게이 워 환 청 링 치엔

换成零钱[huàn chéng líng qián] 잔돈으로 바꾸다

お金をくずしてください。
かね
오 카네 오 쿠 즈 시 테 쿠 다 사 이

お金(かね) 돈
くずす (잔돈으로) 바꾸다

095

—

어떻게 바꾸어 드릴까요?

How would you like to change it?

How would you like~ 어떻게~ 해드릴까요?
How would you like your steak?
스테이크를 어떻게 요리해 드릴까요?

你 想 怎 么 换 ?

Nǐ xiǎng zěn me huàn
니 시앙 전 머 환

换[huàn] 바꾸다

何に換えて差し上げましょうか？

なに か さ あ

나니 니 카 에 테 사 시 아 게 마 쇼- 카

何(なに)に 무엇으로, 어떻게
差(さ)し上(あ)げる 드리다
~ましょうか？ ~ㄹ까요?

—

100엔짜리로 주세요.

In one hundred yens.

In~ ~짜리로 주세요
In 100 dollars. 100달러짜리로 주세요

我 要 换 成 一 百 日 元 的 。
Wǒ yào huàn chéng yì bǎi Rì yuán de
워 야오 환 쳥 이 바이 르 위엔 더

一百[yì bǎi] 백

ひゃくえんだま　か
百 円 玉 に 換 え て く だ さ い 。
햐쿠 엔 다마 니 카 에 테 쿠 다 사 이

百円玉(ひゃくえんだま) 백엔환

097

모두 1000엔짜리로 주세요.

All in one thousand yens.

All in~ 모두 ~짜리로 바꿔주세요
All in five-dollar bills. 다 5달러짜리 지폐로 바꿔주세요.

都 换 成 一 千 日 元 的 。
Dōu huàn chéng yì qiān Rì yuán de
떠우 환 청 이 치엔 르 위엔 더

一千[yì qiān] 천

ぜんぶ せんえん さつ　　　 か
全部千円札に換えてください。
젬 부 셍 엔 사츠 니 카 에 테 쿠 다 사 이

全部(ぜんぶ) 모두, 다

	영어	중국어	일본어
환전소가 어디인가요?	☐	☐	☐
이것을 엔화로 바꾸어주세요.	☐	☐	☐
잔돈으로 바꾸어주세요.	☐	☐	☐
어떻게 바꾸어 드릴까요?	☐	☐	☐
100엔짜리로 주세요.	☐	☐	☐
모두 1000엔짜리로 주세요.	☐	☐	☐

099

—

길을 잃었어요.

I'm lost.

be lost 길을 잃은
I think I'm lost. 제가 길을 잃은 거 같아요.

我 迷 路 了 。
Wǒ mí lù le
워 미 루 러

迷路[mí lù] 길을 잃다

道 に 迷 いました 。
みち まよ
미치니 마요 이 마 시 타

道(みち) 길
迷(まよ)う 헤메다

100

직진하세요.

Go straight.

straight 똑바로
Keep on going straight. 계속 직진하세요.

请 直 走 。
Qǐng zhí zǒu
칭 즐 저우

直走[zhí zǒu] 직진하다

い
まっすぐ行ってください。
맛　수　구　잇　테　쿠　다　사　이

まっすぐ 똑바로
行(い)く 가다
行(い)ってください 가세요

101

우회전하세요.

Turn right.

turn right 우회전하다
Turn right at the corner. 코너에서 우회전하세요.

往 右 拐 。
Wăng yòu guăi
왕 여우 과이

拐[guăi] 돌다
右,右边[yòu,yòu biān] 오른쪽

右に曲がってください。
みぎ ま
미기 니 마 갓 테 쿠 다 사 이

右(みぎ) 오른쪽
曲(ま)がる 돌다
曲(ま)がって 돌아서

102

—

좌회전하세요.

Turn left.

turn left 좌회전하다
Turn left at the intersection. 교차로에서 좌회전하세요.

往 左 拐 。

Wǎng zuǒ guǎi
왕　쭤 과이

拐[guǎi] 돌다
左,左边[zuǒ,zuǒ biān] 왼쪽

ひだり ま
左 に 曲 がって ください。

히다리니 마　갓　테 쿠 다 사 이

左(ひだり) 왼쪽

103
—
저기 있어요.

It's over there.

over there 저쪽에
Can you let me out over there? 저쪽에서 내려주세요.

在 那 儿 呢 。
Zài nàr ne
짜이 나알 너

那儿[nàr] 저쪽에, 저기에

あ そ こ に あ り ま す 。
아 소 코 니 아 리 마 스

あそこ 저기
ある 있다
あります 있습니다

바로 여기예요.

This is the place.

This is the~ 이곳이 바로 ~이다
This is the restaurant I told you about.
이곳이 내가 말했던 식당이에요.

就 是 这 儿 。
Jiù shì zhèr
찌우 슬 쩌얼

就是~[jiù shì] 바로 ~ 이다
这儿[zhèr] 여기

ここです。
코 코 데 스

ここ 여기

105

---

review

	영어	중국어	일본어
길을 잃었어요.	☐	☐	☐
직진하세요.	☐	☐	☐
우회전하세요.	☐	☐	☐
좌회전하세요.	☐	☐	☐
저기 있어요.	☐	☐	☐
바로 여기예요.	☐	☐	☐

택시 좀 불러주세요.

Can you call a taxi?

call a taxi 택시를 부르다
Please call a taxi for me at 5 pm.
오후 5시에 택시 좀 불러주세요.

帮 我 叫 一 下 出 租 车 ， 好 吗 ？
Bāng wǒ jiào yí xià chū zū chē　　hǎo ma
빵　 워 찌아오 이 씨아 츄 주 쳐　　 하오 마

叫[jiào] 부르다
出租车[chū zū chē] 택시

タクシーを呼んでください。
타 쿠 시 - 오 욘 데 쿠 다 사 이

タクシー 택시
呼(よ)ぶ 부르다

107

—

택시를 어디서 잡나요?

Where can I get a taxi?

get a taxi 택시를 잡다(=catch a cab)
You can get a taxi over there. 저쪽에서 택시 잡으실 수 있어요.

在 哪 儿 可 以 打 车 ？
Zài　nǎr　kě　yǐ　dǎ　chē
짜이　나알　커　이　다　쳐

打车[dǎ chē] 택시를 잡다

つか
タクシーをどこで捉まえますか？
타 쿠 시 - 오 도 코 데 츠카마 에 마 스 카

捉(つか)まえる 잡다

108

—

이 주소로 가주세요.

Take me to this address.

Take me to~ ~로 데려다주세요.
Take me to ABC Bookstore. ABC 서점으로 데려다주세요.

我 要 去 这 个 地 址 。
Wǒ yào qù zhè ge dì zhǐ
워 야오 취 쩌 거 띠 즐

我要去~[wǒ yào qù] 나는 ~로 가려고 하다
地址[dì zhǐ] 주소

じゅうしょ　い
こ の 住 所 に 行 っ て く だ さ い 。
코 노 쥬-쇼 니 잇 테 쿠 다 사 이

この 이
住所(じゅうしょ) 주소
行(い)く 가다
行(い)って 가

109

—

여기서 내려주세요.

Drop me off here.

drop someone off ~를 내려주다
Can you drop me off at that building? 저 빌딩에 내려주세요.

在 这 里 下 车 就 可 以 了 。
Zài zhè lǐ xià chē jiù kě yǐ le
짜이 쩌 리 씨아 쳐 찌우 커 이 러

这里[zhè lǐ] 여기
下车[xià chē] 내려주다

ここで 降ろしてください。
코 코 데 오 로 시 테 쿠 다 사 이

ここで 요기서
降(お)ろす 내리다
降(お)ろして 내려

110

—

요금이 얼마죠?

What's the fare?

fare 요금
The fare is 20 dollars. 요금은 20달러입니다.

多 少 钱 ?

Duō shǎo qián
뒤 샤오 치엔

钱[qián] 돈, 요금

りょきん
料 金 は い く ら で す か ?

료- 킹 와 이 쿠 라 데 스 카

料金(りょうきん) 요금
いくら 얼마

111

—

잔돈은 됐습니다.

Keep the change.

change 잔돈
I don't need any change. 잔돈은 필요 없어요.

不 用 找 零 钱 了 。
Bú yòng zhǎo líng qián le
부 융 쟈오 링 치엔 러

不用~[bú yòng] ~안 해도 괜찮다
零钱[líng qián] 잔돈

お釣りは要りません。
つ　　　い
오 츠 리 와 이 리 마 센

お釣(つ)り 거스름돈
要(い)らない 필요 없다
要(い)りません 필요 없어요

	영어	중국어	일본어
택시 좀 불러주세요.	☐	☐	☐
택시를 어디서 잡나요?	☐	☐	☐
이 주소로 가주세요.	☐	☐	☐
여기서 내려주세요.	☐	☐	☐
요금이 얼마죠?	☐	☐	☐
잔돈은 됐습니다.	☐	☐	☐

—

와퍼 세트 주세요.

A Whopper combo, please.

combo 세트
Combo number 2, please. 2번 세트 주세요.

请 给 我 皇 堡 套 餐 。
Qǐng gěi wǒ huáng bǎo tào cān
칭 게이 워 후앙 바오 타오 찬

皇堡套餐[huáng bǎo tào cān] 와퍼 세트

ワッパーセットください。
왓 파 세 토쿠다사이

ワッパーセット 와퍼 세트
ください 주세요

114

여기서 드실 건가요?
포장해 갈 건가요?

Here or to go?

here 여기에서 (먹다)
I will eat here. 여기에서 먹을 거예요.

在 这 里 吃 , 还 是 要 外 带 ？
Zài zhè lǐ chī hái shì yào wài dài
짜이 쩌 리 츨 하이 슬 야오 와이 따이

外带[wài dài] 가지고 나가다, 포장해서 갖고 가다

こちらでお召し上がりですか？
코 치 라 데 오 메 시 아 가 리 데 스 카

テイクアウトですか？
테 이 크 아 우 토 데 스 카

こちら 이쪽
お召(め)し上(あ)がり 접수시다
テイクアウト 테이크아웃

양파는 빼주세요.

Hold the onion, please.

Hold the~ ~는 빼주세요
Hold the cream, please. 프림은 빼주세요

请 去 掉 洋 葱 。

Qǐng qù diào yáng cōng
칭　취 띠아오 양　충

去掉[qù diào] 빼다
洋葱[yáng cōng] 양파

たま　　　ぬ
玉 ね ぎ は 抜 い て く だ さ い 。

타마네 기 와 누 이 테 쿠 다 사 이

玉(たま)ねぎ 양파
抜(ぬ)く 빼다
抜(ぬ)いて 빼서

116

—

제가 살게요.

It's on me.

~is on me. ~는 내가 살게요.
Tonight's dinner is on me. 오늘 저녁은 제가 살게요.

我 来 买 单 。
Wǒ lái mǎi dān
워 라이 마이 딴

买单[mǎi dān] 돈을 내다, 사다

わたし おご
私 が 奢 り ます 。
와타시가 오고 리 마 스

奢(おご)る 사주다

117

각자 내자.

Let's split the bill.

split the bill 각자 부담하다, 나누어내다
Can you split the bill for us?
(n분의 1로 나눈) 계산서로 주세요.

我 们 Ａ Ａ 制 吧 。
Wǒ men AA   zhì ba
워 먼   AA   쯜   바

AA制[AA zhì] 각자 계산하다

わ　　　かん
割 り 勘 し よ う 。
와 리 캉 시 요 -

割(わ)り勘(かん) 나눠서 내다(각자 내다)

118

—

콜라 좀 리필 해주세요.

Can you refill my coke?

refill 다시 채우다
Can I get a refill? 다시 채워줄 수 있어요?

可 乐 可 以 续 杯 吗 ?
Kě lè kě yǐ xù bēi ma
커 러 커 이 쒸 뻬이 마

续[xù] 다시 채워주다

コ ー ラ お か わ り く だ さ い 。
코 - 라 오 카 와 리 쿠 다 사 이

コーラ 콜라
おかわり 리필

119

---

review

	영어	중국어	일본어
와퍼 세트 주세요.	☐	☐	☐
여기서 드실 건가요? 포장해 갈 건가요?	☐	☐	☐
양파는 빼주세요.	☐	☐	☐
제가 살게요.	☐	☐	☐
각자 내자.	☐	☐	☐
콜라 좀 리필 해주세요.	☐	☐	☐

120

—

주문 좀 받아주세요.

Can you take our order?

take one's order ~의 주문을 받다
Can I take your order now?
이제 주문 받아도 될까요?

我 要 点 菜 。

Wǒ yào diǎn cài
워 야오 디엔 차이

点[diǎn] 주문 받다
菜[cài] 요리

ちゅうもん　ねが
注 文 お 願 い し ま す 。

쥬-몬 오 네가 이 시 마 스

注文(ちゅうもん) 주문
お願(ねが) いします 부탁합니다

121

—

뭐가 맛있어요?

What's good here?

good 맛있는
The steak is good here. 여긴 스테이크가 맛있어요.

什 么 好 吃 ?
Shén me hǎo chī
선　머 하오 츨

好吃[hǎo chī] 맛있는

なに　　　おい
何 が 美 味 し い で す か ?
나니가 오이시-데스카

美味(おい)しい 맛있다

122

—

같은 걸로 주세요.

I'll have the same.

the same 같은
I'll have the same thing you're having.
당신이 먹는 것과 같은 걸로 할게요.

我要一样的。

Wǒ yào yí yàng de
워 야오 이 양 더

一样[yí yàng] 같은

おな もの　　　ねが
同じ物でお願いします。
오나 지 모노 데 오 네가 이 시 마 스

同(おな)じ 같다
物(もの) 것
お願(ねが)いします 부탁합니다

물 주세요.

Water, please.

water 물
Cold water, please. 찬 물 좀 주세요.

请 给 我 一 杯 水 。
Qǐng gěi wǒ yì bēi shuǐ
칭 게이 워 이 뻬이 슈웨이

水[shuǐ] 물

お水ください。
오 미즈 쿠 다 사 이

お水(みず) 물

124

맛 어때요?

How is it?

How is~? ~가 어떤가요?
How is your food? 음식 맛이 어떤가요?

味 道 怎 么 样 ?
Wèi dao zěn me yàng
웨이다오 전 머 양

怎么样?[zěn me yàng] ~는 어떠니?

あじ
味 は ど う で す か ?
아지 와 도 - 데 스 카

味(あじ) 맛
どうですか? 어때요

125

—

정말 맛있어요.

It's so good.

so good 매우 맛있는, 정말 맛있는
The pasta was so good. 그 파스타는 정말 맛있었어요.

真 好 吃 。
Zhēn hǎo chī
쩐 하오 츨

真[zhēn] 정말
好吃[hǎo chī] 맛있는

とても美味しいです。
토 테 모 오 이 시 - 데 스

とても 정말, 너무
美味(おい)しい 맛있다

126

---

review

	영어	중국어	일본어
주문 좀 받아주세요.	☐	☐	☐
뭐가 맛있어요?	☐	☐	☐
같은 걸로 주세요.	☐	☐	☐
물 주세요.	☐	☐	☐
맛 어때요?	☐	☐	☐
정말 맛있어요.	☐	☐	☐

127

—

배고파요.

I'm hungry.

hungry 배고픈
Are you hungry now? 지금 배고파요?

我 饿 了 。
Wǒ è le
워 으어 러

饿[è] 배고픈

お腹^{なか}すきました。
오 나카스 키 마 시 타

お腹(なか) 배
すく 고프다
すきました 고파요

128

—

뭐 먹을래요?

What would you like to eat?

What would you~? ~하고 싶으세요?
What would you like to do today? 오늘 뭐 하고 싶으세요?

你 要 吃 点 什 么 ?
Nǐ yào chī diǎn shén me
니 야오 츨 디엔 션 머

吃[chī] 먹다
什么[shén me] 무엇

何 食 べ ま す か ?
（なに た）
나니 타 베 마 스 카

食(た)べる 먹다
食(た)べます 먹어요

129

—

목 말라요.

I'm thirsty.

thirsty 목 마른
Are you thirsty now? 지금 목 마르세요?

我 渴 了 。
Wǒ kě le
워 크어 러

渴[kě] 목마른

のどかわ
喉 渴 きました 。
노도카와 키 마 시 타

喉(のど) 목
渴(かわ)く 마르다
渴(かわ)きました 말라요

130

—

뭐 마실래요?

What would you like to drink?

drink 마시다
I want to drink water. 난 물 마시고 싶어요.

你 要 喝 点 什 么 ?
Nǐ yào hē diǎn shén me
니 야오 흐어 디엔 션 머

喝[hē] 마시다

なにの
何 飲 みますか？
나니 노 미 마 스 카

飮(の)む 마시다
飮(の)みます 마셔요

131
—
너무 많이 먹었어요.

I had too much.

too much 너무 많은
I ate too much gimbap. 김밥을 너무 많이 먹었어요.

我 吃 得 太 多 了 。
Wǒ chī de tài duō le
워 츨 더 타이 둬 러

吃[chī] 먹다
太多[tài duō] 너무 많이

食べ過ぎました。
た　　　す
타 베 스 기 마 시 타

食(た)べる 먹다
食(た)べます 먹어요
~過(す)ぎる 너무 ~다
~過(す)ぎました 너무 ~ㅆ어요

—

배불러요.

I'm full.

full 배부른
I'm so full that I can't eat anymore.
너무 배불러서 더 이상 못 먹겠어요.

我 饱 了 。
Wǒ bǎo le
워 바오 러

饱[bǎo] 배부른

_{なか}
お腹 いっぱい です。
오 나카 잇 빠 이 데 스

いっぱい 가득

	영어	중국어	일본어
배고파요.	☐	☐	☐
뭐 먹을래요?	☐	☐	☐
목 말라요.	☐	☐	☐
뭐 마실래요?	☐	☐	☐
너무 많이 먹었어요.	☐	☐	☐
배불러요.	☐	☐	☐

134

—

두 명 자리 주세요.

A table for two, please.

table for~ ~명 앉을 테이블
We need a table for seven. 일곱 명 앉을 테이블 주세요.

请 给 我 两 个 人 的 位 子 。

Qǐng gěi wǒ liǎng ge rén de wèi zi

칭 게이 워 리앙 거 런 더 웨이즈

给[gěi] 주다
位子[wèi zi] 자리

ふたりよう　　　　　　せき
二人用のテーブル席にしてください。

후타리 요우노 테 - 부 루세끼니시 떼 구 다 사 이

二人(ふたり)用 2인용

135

—

더 드실래요?

Would you like some more?

some more 더
Can I have some more water? 물좀더주세요

要 再 来 一 点 吗 ?
Yào zài lái yì diǎn ma
야오 짜이 라이 이 디엔 마

再来[zài lái] 더~(하다)
一点[yì diǎn] 조금

もっと食べますか？
못 또 타 베 마 스 카

もっと 더

—

충분히 먹었어요.

I had enough.

enough 충분한
I drank enough beer. 맥주를 충분히 마셨다.

我 已 经 吃 饱 了 。
Wǒ yǐ jīng chī bǎo le
워 이 징 츨 바오 러

已经[yǐ jīng] 이미
饱[bǎo] 배부르다

じゅうぶん た
十 分 食 べ ま し た 。
쥬-분 타 베 마 시 타

十分(じゅうぶん) 충분히
食(た)べました 먹었습니다

밥 좀 더 주세요.

More rice, please.

more 더
We need more wine. 와인이 더 필요해.

再 来 一 点 饭 。
Zài lái yì diǎn fàn
짜이 라이 이 디엔 판

再来[zài lái] 더~(하다)
饭[fàn] 밥

ご飯もっとください。
はん
고 항 못 또 쿠 다 사 이

ご飯(はん) 밥
もっと 더

138

—

소금 좀 건네주세요.

Pass me the salt, please.

pass A B A에게 B를 건네다
Can you pass me a napkin? 냅킨 좀 건네주세요.

把 盐 递 给 我 ， 好 吗 ？
Bǎ yán dì gěi wǒ   hǎo ma
바 옌 띠 게이 워   하오 마

把[bǎ] ~을
递给~[dì gěi] ~에게 건네주다

しお
塩 を こ ち ら に く だ さ い 。
시오오 코 치 라 니 쿠 다 사 이

塩(しお) 소금

—

남은 음식 좀 싸주세요.

Can I have these to go?

Can I have ~ to go? ~을 싸주세요.
Can I have this galbi to go? 이 갈비를 싸주세요.

剩 下 的 请 给 我 打 包 。
Shèng xià de qǐng gěi wǒ dǎ bāo
썽 씨아 더 칭 게이 워 다 빠오

剩下[shèng xià] 남은 것
打包[dǎ bāo] 싸다, 포장하다

残った料理を包んでください。
(のこ)　　(りょうり)　(つつ)
노콧 타 료-리 오 츠츤 데 쿠 다 사 이

残(のこ)る 남다
残(のこ)った 남았다
料理(りょうり) 요리
包(つつ)む 싸다, 포장하다
包(つつ)んで 싸, 포장해

	영어	중국어	일본어
두 명 자리 주세요.	☐	☐	☐
더 드실래요?	☐	☐	☐
충분히 먹었어요	☐	☐	☐
밥 좀 더 주세요.	☐	☐	☐
소금 좀 건네주세요.	☐	☐	☐
남은 음식 좀 싸주세요.	☐	☐	☐

141

—

방문목적이 무엇입니까?

What's the purpose of your visit?

purpose 목적

What's the purpose of this meeting? 이 회의의 목적이 뭐죠?

你 的 访 问 目 的 是 什 么 ？

Nǐ　de　fǎng wèn mù　di　shì shén me

니　더　팡　원　무　디　슬　션　머

访问目的[fǎng wèn mù di] 방문목적

訪 問 の 目 的 は 何 で す か ？
ほうもん　　もくてき　　　なん

호- 몬 노 모쿠테키 와 난 데 스 카

訪問(ほうもん) 방문
目的(もくてき) 목적

142

—

사업차 왔습니다.

I'm here on business.

on business 사업차
I went to New York on business. 사업차 뉴욕에 갔어요.

我 来 谈 商 务 。
Wǒ lái tán shāng wù
워 라이 탄 샹 우

来[lái] 오다
谈商务[tán shāng wù] 사업차, 비즈니스

しごと　　　　　　　　き
仕 事 の た め に 来 ま し た 。
시고토 노 타 메 니 키 마 시 타

仕事(しごと) 일
来(く)る 오다
来(き)ました 왔습니다

143

—

관광차 왔습니다.

I'm here on tour.

on tour 관광 중인, 여행 중인, 관광차
I'm going on tour next week. 다음 주에 여행 가요.

我 来 旅 游 。
Wǒ lái lǚ yóu
워 라이 뤼 여우

旅游[lǚ yóu] 여행, 관광

観光しに来ました。
かんこう　　　き
칸 코-시 니 키 마 시 타

観光(かんこう) 관광
来(く)る 오다
来(き)ました 왔습니다

휴가차 왔습니다.

I'm here on vacation.

on vacation 휴가차, 휴가 중
He's on vacation. 그는 휴가 중입니다.

我 来 度 假 。
Wǒ lái dù jià
워 라이 뚜 찌아

度假[dù jià] 휴가 보내다

休暇がてら来ました。
きゅうか   き
큐- 카 가 테 라 키 마 시 타

休暇(きゅうか) 휴가
がてら ~하는 김에

145

—

친구 만나러 왔어요.

I'm visiting my friend.

visit 방문하다
I'm visiting my relatives. 친척들 방문하러 왔어요.

我 来 看 朋 友 。
Wǒ lái kàn péng you
워 라이 칸 펑 여우

看[kàn] 만나다, 보다
朋友[péng you] 친구

友人に会いに来ました。
ゆうじん あ き
유- 진 니 아 이 니 키 마 시 타

友人(ゆうじん) 친구
会(あ)う 만나다
会(あ)いに 만나러

146

—

공부하러 왔어요.

I'm here to study.

I'm here to~ ~하러 왔어요.
I'm here to study English. 영어 공부하러 왔어요.

我 来 学 习 。
Wǒ lái xué xí
워 라이 쉬에 시

学习[xué xí] 공부하다

<ruby>勉強<rt>べんきょう</rt></ruby>しに<ruby>来<rt>き</rt></ruby>ました。
벤 쿄- 시 니 키 마 시 타

勉強(べんきょう) 공부

	영어	중국어	일본어
방문목적이 무엇입니까?	☐	☐	☐
사업차 왔습니다.	☐	☐	☐
관광차 왔습니다.	☐	☐	☐
휴가차 왔습니다.	☐	☐	☐
친구 만나러 왔어요.	☐	☐	☐
공부하러 왔어요.	☐	☐	☐

148

—

세미나에 참석할 겁니다.

I'm attending a seminar.

attend 참석하다
Are you going to attend the conference?
학술대회에 참석하실 겁니까?

我 来 参 加 座 谈 会 。
Wǒ lái cān jiā zuò tán huì
워 라이 찬 찌아 쭤 탄 훼이

参加[cān jiā] 참석하다
座谈会[zuò tán huì] 세미나

さんか
セミナーに参加するつもりです。
세 미 나 - 니 상 카 스 르 츠 모 리 데스

セミナー 세미나
参加(さんか) 참가
~するつもり 할 생각이다

—

얼마나 머무르실 겁니까?

How long are you going to stay?

How long~? 얼마나 오래 ~합니까?
How long will the seminar go?
세미나 시간이 어느 정도 걸릴까요?

你 要 停 留 多 久 ?

Nǐ yào tíng liú duō jiǔ
니 야오 팅 리우 둬 지우

停留[tíng liú] 머물다
多久[duō jiǔ] 얼마나(오래)

どれくらい滞在(たいざい)されますか？

도 레 쿠 라 이 타이자이 사 레 마 스 카

どれくらい　얼마나, 어느 만큼
滞在(たいざい)する　머무르다
滞在(たいざい)される　머무르시다

150

10일이요.

For ten days.

for~ days ~일 동안
For 5 days. 5일 동안이요.

十 天 。
Shí tiān
슬 티엔

十[shí] 열

とおか
十 日 で す 。
토- 카 데 스

十日(とおか) 열흘

151

—

어디에서 묵으실 건가요?

Where are you going to stay?

stay 머물다, 묵다
I'll be staying at the Hyatt Hotel. 하얏트 호텔에 머물 겁니다.

你 住 在 哪 里 ？

Nǐ zhù zài nǎ li
니 쮸 짜이 나 리

住[zhù] 살다, 묵다
哪里[nǎ li] 어디

とま
どこにお泊りですか？

도 코 니 오 토마 리 데 스 카

どこ 어디
お泊(とま)り 묵다, 숙박하다

152

친구 집이요.

At my friend's house.

at~ ~에
At my sister's house. 언니 집에서요.

朋 友 家 。
Péng you jiā
펑 여우 찌아

朋友[péng you] 친구
家[jiā] 집

ゆうじん　いえ
友 人 の 家 で す 。
유- 진 노 이에 데 스

友人(ゆうじん) 친구
家(いえ) 집

153

—

두 번째 방문입니다.

This is my second visit.

visit 방문
This will be my third visit. 이번이 세 번째 방문입니다.

这 是 我 第 二 次 访 问 。
Zhè shì wǒ dì èr cì fǎng wèn
쩌 슬 워 띠 얼 츠 팡 원

第二次[dì èr cì] 두 번째
访问[fǎng wèn] 방문

に ど め　　ほうもん
2 度 目 の 訪 問 です 。
니 도 메 노 호- 몬 데 스

2度目(にどめ) 두 번째
訪問(ほうもん) 방문

154

---

review

	영어	중국어	일본어
세미나에 참석할 겁니다.	☐	☐	☐
얼마나 머무르실 겁니까?	☐	☐	☐
10일이요.	☐	☐	☐
어디에서 묵으실 건가요?	☐	☐	☐
친구 집이요.	☐	☐	☐
두 번째 방문입니다.	☐	☐	☐

155

—

몸살 났어요.

I ache all over.

ache all over 몸살 나다

我 身 体 有 点 不 舒 服 。
Wǒ shēn tǐ yǒu diǎn bù shū fu
워 션 티 여우 디엔 뿌 슈 푸

身体[shēn tǐ] 몸, 신체
有点[yǒu diǎn] 조금
不舒服[bù shū fu] 몸살 나다, 불편하다

おかん
悪寒 が し ま す 。
오 캉 가 시 마 스

悪寒(おかん) 몸살, 오한
する 하다
します 해요

감기 걸렸어요.

I have a cold.

cold 감기
I have a bad cold. 심하게 감기 걸렸어요.

我 感 冒 了 。

Wǒ gǎn mào le
워 간 마오 러

感冒[gǎn mào] 감기 걸리다

<ruby>風<rt>かぜ</rt></ruby><ruby>邪</ruby>を<ruby>引<rt>ひ</rt></ruby>きました。
風 邪 を 引 き ま し た 。

가 제 오 히 키 마 시 타

風邪(かぜ) 감기
引(ひ)く 걸리다
引(ひ)きました 걸렸어요

157

—

열이 있어요.

I have a fever.

fever 열
I have a high fever. 고열이 나요.

我 有 点 发 烧 。
Wǒ yǒu diǎn fā shāo
워 여우 디엔 파 샤오

发烧[fā shāo] 열이 나다

ねつ
熱 が あ り ま す 。
네 츠 가 아 리 마 스

熱(ねつ) 열
ある 있다
あります 있어요

158

—

배가 아파요.

I have a stomachache.

stomachache 복통
I got a stomachache after eating ramen.
라면 먹은 후 복통이 일어났어요.

我 有 点 肚 子 痛 。

Wǒ yǒu diǎn dù zi tòng

워 여우 디엔 뚜 즈 퉁

肚子[dù zi] 배
痛[tòng] 아프다

なか いた
お 腹 が 痛 い で す 。

오 나카 가 이타 이 데 스

お腹(なか) 배
痛(いた)い 아프다

159

—

머리가 아파요.

I have a headache.

headache 두통
What's good medicine for a headache?
두통에 어느 약이 좋은가요?

我 有 点 头 痛 。
Wǒ yǒu diǎn tóu tòng
워 여우 디엔 터우 퉁

头[tóu] 머리
痛[tòng] 아프다

あたま いた
頭 が 痛 い で す 。
아타마가 이타 이 데 스

頭(あたま) 머리
痛(いた)い 아프다

—

기침을 해요.

I have a cough.

cough 기침, 기침하다
You have a bad cough! 기침이 심하시네요.

我 有 点 咳 嗽 。
Wǒ yǒu diǎn ké sou
워 여우 디엔 크어 서우

有点[yǒu diǎn] 조금
咳嗽[ké sòu] 기침을 하다

せき で
咳 が 出 ます 。
세키 가 데 마 스

咳(せき) 기침
出(で)る 나오다
出(で)ます 나와요

	영어	중국어	일본어
몸살 났어요.	☐	☐	☐
감기 걸렸어요.	☐	☐	☐
열이 있어요.	☐	☐	☐
배가 아파요.	☐	☐	☐
머리가 아파요.	☐	☐	☐
기침을 해요.	☐	☐	☐

—

일주일 휴가 가요.

I'm taking one week off.

take ~ off ~동안 휴가 가다, 휴식을 취하다
I'll take two weeks off. 2주간 휴가 가요.

我 度 假 一 个 星 期 。
Wǒ dù jià yí ge xīng qī
워 뚜 찌아 이 거 씽 치

度假[dù jià] 휴가 가다
一个星期[yí ge xīng qī] 일주일

いっしゅうかん　　　　　　　　　い
一 週 間 バ カ ン ス に 行 き ま す 。
잇 슈- 칸 바 캉　스 니 이 키 마 스

一週間(いっしゅうかん) 일주일
バカンス 휴가
行(い)く 가다
行(い)きます 가요

싱글룸 주세요.

I'd like a single room.

single room 싱글룸
Do you have a single room? 싱글룸 있나요?

我 要 单 人 间 。

Wǒ yào dān rén jiān
워 야오 딴 런 지엔

单人间[dān rén jiān] 싱글룸

シングルルームにしてください。

싱　구루루- 무니시떼구다사이

シングルルーム 싱글룸

164

더블룸 주세요.

I'd like a double room.

double room 더블룸
I want to reserve a double room. 더블룸 예약하고 싶어요.

我 要 双 人 间 。

Wǒ yào shuāng rén jiān
워 야오 슈앙 런 지엔

双人间[shuāng rén jiān] 더블룸

ダブルルームにしてください。

다 브 루 루 - 무 니 시 떼 구 다 사 이

ダブルルーム 더블룸

아침식사가 포함되나요?

Is breakfast included?

be included 포함되다
Is the buffet included? 부페가 포함되나요?

包含早餐吗？

Bāo hán zǎo cān ma
빠오 한 자오 찬 마

包含[bāo hán] 포함하다
早餐[zǎo cān] 아침식사

ちょうしょくつ
朝食付きですか？

초-쇼쿠 츠 키 데 스 카

朝食(ちょうしょく) 조식

—

방에다 달아주세요.

Put it on the room.

put it on the room 계산을 방으로 달아두다

挂 在 我 房 间 号 吧 。
Guà zài wǒ fáng jiān hào ba
꾸아 짜이 워 팡 지엔 하오 바

挂[guà] 달다
房间号[fáng jiān hào] 방호수

へや　りょうきん　つ
お部屋の料金に付けてください。
오 헤 야 노 료 킨 니 츠 케 테 쿠 다 사 이

部屋(へや) 방
付(つ)ける (셈을)달다
付(つ)けて (셈을)달아

—

방 청소 좀 해주세요.

Make up my room, please.

make up one's room 방을 정리하다, 방을 청소하다
Can you make up my room after 5 pm?
오후 5시 이후에 제 방 좀 치워주세요.

请 打 扫 一 下 房 间 。

Qǐng dǎ sǎo yí xià fáng jiān
칭　다 사오　이 씨아 팡 지엔

打扫[dǎ sǎo] 청소
房间[fáng jiān] 방

へや　　　　そうじ
部 屋 の 掃 除 を し て く だ さ い 。
헤야　노 소-지 오 시 테 쿠 다 사 이

掃除(そうじ) 청소

168

---

review

	영어	중국어	일본어
일주일 휴가 가요.	☐	☐	☐
싱글룸 주세요.	☐	☐	☐
더블룸 주세요.	☐	☐	☐
아침식사가 포함되나요?	☐	☐	☐
방에다 달아주세요.	☐	☐	☐
방 청소 좀 해주세요.	☐	☐	☐

—

무엇을 잘하세요?

What are you good at?

be good at~ ~을 잘한다
I'm good at using computers. 난 컴퓨터를 잘합니다.

你 有 什 么 特 长 ?
Nǐ yǒu shén me tè cháng
니 여우 션 머 트어 챵

有[yǒu] 있다
特长[tè cháng] 잘하는 것

なに　　とくい
何 が 得 意 で す か ?
나니 가 토쿠이 데 스 카

得意(とくい) 잘하는 것, 특기

170

—

요리를 잘해요.

I'm good at cooking.

be good at~ ~을 잘한다
I'm good at making documents. 난 서류작성을 잘합니다.

我 料 理 做 得 很 好 。
Wǒ liào lǐ zuò de hěn hǎo
워 리아오 리 쭤 더 헌 하오

料理[liào lǐ] 요리
做[zuò] 하다, 만들다

りょうり　　　とくい
料 理 が 得 意 で す 。
료- 리 가 토쿠 이 데 스

料理(りょうり) 요리
得意(とくい) 잘하는 것, 특기

171

난 운동을 잘 못해요.

I'm poor at sports.

be poor at~ ~을 못한다
I'm poor at English 난 영어를 잘 못해요.

我 在 体 育 方 面 很 差 。
Wǒ zài tǐ yù fāng miàn hěn chà
워 짜이 티 위 팡 미엔 헌 챠

体育[tǐ yù] 운동, 스포츠
很差[hěn chà] 잘 못하다

わたし うんどう　　にがて
私 は 運 動 が 苦 手 で す 。
와타시와 운 도- 가 니가테 데 스

運動(うんどう) 운동
苦手(にがて) 못 하다, 서투르다

무엇을 좋아해요?

What do you like to do?

like to~ ~하기를 좋아하다
I like to go hiking. 등산가는 것을 좋아해요

你 喜 欢 什 么 ？
Nǐ xǐ huan shén me
니 시 환 션 머

喜欢[xǐ huan] 좋아하다
什么[shén me] 무엇

なに　す
何 が 好 き で す か ？
나니 가 스 키 데 스 카

好(す)き 좋아하다

173

—

쇼핑하는 거 좋아해요.

I like to go shopping.

go shopping 쇼핑하러 가다
Would you like to go shopping tomorrow? 내일 쇼핑 갈래?

我 喜 欢 购 物 。

Wǒ xǐ huan gòu wù
워 시 환 꺼우 우

喜欢[xǐ huan] 좋아하다
购物[gòu wù] 쇼핑하다

ショッピングに行くのが好きです。
쇼   핑   그 니 이 쿠 노 가 스 키 데 스

ショッピング 쇼핑
行(い)く 가다
行(い)くのが 가는 것이

174

—

여행 가는 거 좋아해요.

I like to go on trips.

go on trips 여행가다
He likes to go on trips. 그는 여행가는 것을 좋아해요.

我 喜 欢 旅 游。
Wǒ xǐ huān lǚ yóu
워 시 환 뤼 여우

喜欢[xǐ huan] 좋아하다
旅游[lǚ yóu] 여행하다

りょこう い す
旅 行 に 行 く の が 好 き で す。
료 코-니 이 쿠 노 가 스 키 데 스

旅行(りょこう) 여행
好(す)き 좋아하다

	영어	중국어	일본어
무엇을 잘하세요?	☐	☐	☐
요리를 잘해요.	☐	☐	☐
난 운동을 잘 못해요.	☐	☐	☐
무엇을 좋아해요?	☐	☐	☐
쇼핑하는 거 좋아해요.	☐	☐	☐
여행 가는 거 좋아해요.	☐	☐	☐

회의는 언제입니까?

When's the meeting?

the meeting 회의
The meeting will be held at 6 on Monday.
월요일 6시에 회의를 할 겁니다.

什 么 时 候 开 会 ?
Shén me shí hou kāi huì
션　머　슬　허우 카이 훼이

什么时候[shén me shí hou] 언제
开会[kāi huì] 회의하다

かいぎ
会 議 は い つ で す か ?
카이기 와 이 츠 데 스 카

会議(かいぎ) 회의
いつ 언제

177

—

잠깐 커피 마시면서 쉬죠.

Let's take a coffee break.

break 휴식시간
coffee break 휴식시간
Lunch break starts at 12. 점심휴식 시간은 12시에 시작됩니다.

喝 杯 咖 啡 ， 休 息 一 下 吧 。
Hē bēi kā fēi xiū xi yí xià ba
흐어 뻬이 카 페이 씨우 시 이 씨아 바

喝[hē] 마시다
咖啡[kā fēi] 커피
休息[xiū xi] 쉬다

コーヒーでも飲みながら少し
코 -히 -데모 노미 나가 라 스코시

休みましょう。
야스미 마 쇼-

コーヒー 커피
~ながら ~면서
休(やす)みましょう 쉬죠

178

—

10분만 쉽시다.

Let's take a break for ten minutes.

take a break 휴식 취하다
Let's take a break for five minutes. 5분 쉽시다.

休息十分钟吧。

Xiū xi shí fēn zhōng ba

씨우 시 슬 펀 즁 바

休息[xiū xi] 쉬다
十分钟[shí fēn zhōng] 10분

じゅっぷん　　　　やす
10分だけ休みましょう。

즛 뿐 다 케 야스 미 마　쇼-

10分(じゅっぷん) 10분
だけ ~만

당신 생각은 어때요?

What's your opinion?

opinion 생각, 의견
My opinion is different than yours. 제 의견은 당신과 다릅니다.

你 怎 么 认 为 ？
Nǐ zěn me rèn wéi
니   전   머   런   웨이

怎么[zěn me] 어떻게
认为[rèn wéi] 생각하다

かんが
あなたの考えはどうですか？
아 나 타 노 캉가 에 와 도 - 데 스 카

あなた 너, 당신
考(かんが)え 생각

180

—

동의합니다.

I agree with you.

agree with~ ~와 동의하다
I don't agree with you. 당신과 동의하지 않습니다.

我 同 意 。
Wǒ tóng yì
워 퉁 이

同意[tóng yì] 동의하다

さんせい
賛 成 で す 。
산 세 이 데 스

賛(さん)成(せい) 찬성

181

—

난 반대합니다.

I disagree with you.

disagree 반대하다, 의견이 맞지 않다
Why are you disagreeing with me?
왜 내 의견에 반대하는 거죠?

我 反 对 .

Wǒ fǎn duì
워 판 뛔이

反对[fǎn duì] 반대하다

わたし　はんたい
私 は 反 対 で す 。

와타시와 한 타이 데 스

反对(はんたい) 반대

	영어	중국어	일본어
회의는 언제입니까?	☐	☐	☐
잠깐 커피 마시면서 쉬죠.	☐	☐	☐
10분만 쉽시다.	☐	☐	☐
당신 생각은 어때요?	☐	☐	☐
동의합니다.	☐	☐	☐
난 반대합니다.	☐	☐	☐

—

톰 좀 바꿔주세요.

May I speak to Tom?

May I speak to~ ~와 통화하고 싶습니다. ~ 좀 바꿔주세요.
I like to speak to Mary.
메리와 통화하고 싶습니다. 메리 좀 바꿔주세요.

请 给 我 换 一 下 汤 姆 。
Qǐng gěi wǒ huàn yí xià Tāng Mǔ
칭 게이 워 환 이 씨아 탕 무

换[huàn] 바꾸다

トムさんに代わってください。
토 무 상 니 카 왓 테 쿠 다 사 이

代(か)わる 바꾸다
代(か)わって 바꿔서

184

—

지금 안 계십니다.

He's not here now.

not here 자리에 없다
Mr. Kim is not here. 미스터 김은 자리에 없어요.

他 现 在 不 在 。
Tā xiàn zài bú zài
타 씨엔 짜이 부 짜이

现在[xiàn zài] 지금
不在[bú zài] 없다. 부재중이다

いま い
今 は 居 ま せ ん 。
이마 와 이 마 센

今(いま) 지금
居(い)ない 없다
居(い)ません 안 계시다

185

누구신지 여쭤봐도 될까요?

May I ask who's calling?

May I ask~? ~물어봐도 되나요? 여쭤봐도 되나요?
May I ask your name? 성함을 여쭤봐도 되나요?

请 问 ， 您 是 哪 位 ？
Qǐng wèn　　nín shì nǎ wèi
칭　원　　　닌　슬　나　웨이

请问[qǐng wèn] 여쭤보다
哪位[nǎ wèi] 누구

どちら様^{さま}でしょうか？
도 치 라 사마데　　쇼- 카

どちら様(さま) 어느분

186

저는 J&T의 지니라고 합니다.

This is Jinny from J&T.

This is A from B. B에서 온 A입니다.
This is Kim from ABC Book Company.
ABC 출판사에서 온 Kim입니다.

我 是 J & T 吉 尼 。
Wǒ shì   J&T   Jí Ní
워 슬   J&T   지 니

我[wǒ] 나
是[shì] ~이다

わたし
私 は J & T の ジ ニ ー と い い ま す 。
와타시와 제이안도티노 지 니   토 이 이 마 스

~といいます ~라고 합니다

187

잠깐 기다려주세요.

Hold on, please.

hold on 기다리다
Hold on a minute. 잠깐 기다려 주세요.

请 稍 等 。
Qǐng shāo děng
칭　　샤오　덩

稍等[shāo děng] 잠깐 기다리다

しょうしょうま
少々お待ちください。
쇼- 쇼- 오 마 치 쿠 다 사 이

少々(しょうしょう) 잠깐, 조금
待(ま)つ 기다리다
お待(ま)ちください 기다려주세요

188

메모 남겨 드릴까요?

Can I take a message?

take a message 메모 받아적다
Can you take a message for me? 메모 좀 받아적어 주실래요?

要帮你留言吗？

Yào bāng nǐ liú yán ma
야오 빵 니 리우 옌 마

留言[liú yán] 메모 남기다

メモを残しましょうか？

메 모 오 노 코 시 마 쇼- 카

メモ 메모
残(のこ)す 남기다

	영어	중국어	일본어
톰 좀 바꿔주세요.	☐	☐	☐
지금 안 계십니다.	☐	☐	☐
누구신지 여쭤봐도 될까요?	☐	☐	☐
저는 J&T의 지니라고 합니다.	☐	☐	☐
잠깐 기다려주세요.	☐	☐	☐
메모 남겨 드릴까요?	☐	☐	☐

190

좋은 생각이에요!

It's a great idea!

> great idea 좋은 생각
> What a great idea! 아주 좋은 생각이다!

好 主 意 ！
Hǎo zhǔ yi
하오 쥬   이

> 主意[zhǔ yi] 생각,아이디어

いい考えですね！
かんが
이 이 캉가에 데 스 네

> 考(かんが)え 생각

191

—

바로 그거에요!

That's it!

That's~ 그게 ~ 이다.
That's what I'm saying. 그게 내가 하고픈 말이야.

就 是 这 个 ！
Jiù shì zhè ge
찌우 슬 쩌 거

就是[jiù shì] 바로 ~ 이다
这个[zhè ge] 이, 이것

まさにそれですよ！
마 사 니 소 레 데 스 요

まさに 바로
それ 그거

192

—

맞아요!

You're right!

right 맞은, 옳은
I don't think your'e right. 네가 맞다고 보지 않아.

没 错 !
Méi cuò
메이 춰

そ う で す ！
소 - 데 스

そう 맞아, 그래

193

—

왜 그렇게 생각하세요?

Why do you think so?

think so 그렇게 생각하다
I thought so. 난 그렇게 생각했다.

你 怎 么 会 这 么 认 为 ?

Nǐ zěn me huì zhè me rèn wéi
니 전 머 훼이 쩌 머 런 웨이

怎么[zěn me] 어떻게, 왜
这么[zhè me] 이렇게
认为[rèn wéi] 생각하다

何故そう思うんですか？
なぜ　　　おも

나 제 소 - 오모 은 데 스 카

何故(なぜ) 왜
思(おも)う 생각

194

어떻게 생각하세요?

What do you think?

think 생각하다
Let's think about it together. 같이 생각해보자.

你 怎 么 认 为 ？
Nǐ zěn me rèn wéi
니 전 머 런 웨이

怎么[zěn me] 어떻게/왜
认为[rèn wéi] 생각하다

どう 思^{おも}いますか？
도 - 오모 이 마 스 카

どう 어떻게
思(おも)う 생각
思(おも)います 생각합니다

195

—

나는 그렇게 생각하지 않아요.

I don't think so.

think so 그렇게 생각하다
What makes you think so? 왜 그렇게 생각하죠?

我 不 这 么 认 为 。
Wǒ bú zhè me rèn wéi
워 부 쩌 머 런 웨이

这么[zhè me] 이렇게
认为[rèn wéi] 생각하다

わたし　　　　おも
私 は そ う 思 い ま せ ん 。
와타시와 소 - 오모 이 마 센

そう 그렇게
思(おも)いません 생각하지 않습니다

	영어	중국어	일본어
좋은 생각이에요!	☐	☐	☐
바로 그거에요!	☐	☐	☐
맞아요!	☐	☐	☐
왜 그렇게 생각하세요?	☐	☐	☐
어떻게 생각하세요?	☐	☐	☐
나는 그렇게 생각하지 않아요.	☐	☐	☐

—

질문 있어요.

I have a question.

> have a question 질문이 있다
> Do you have any questions? 질문 있나요?

我 有 疑 问 。
Wǒ yǒu yí wèn
워 여우 이 원

> 有[yǒu] 있다
> 疑问[yí wèn] 질문

しつもん
質 問 が あ り ま す 。
시츠몬 가 아 리 마 스

> 質問(しつもん) 질문

하고 싶은 말 있으십니까?

Do you have any comments?

have comments 할 말이 있다
I have some comments for you. 너에게 할 말이 있어.

你 有 话 要 说 吗 ？
Nǐ yǒu huà yào shuō ma
니 여우 화 야오 슈어 마

有[yǒu] 있다
说[shuō] 말하다

言いたい 事 はございますか ？
이 이 타 이코토 와 고 자 이 마 스 카

言(い)う 말하다
言(い)いたい 하고 싶은
事(こと) 말, 것
ございます 있으시다

199

—

설명해주실 수 있나요?

Can you explain it to me?

explain A to B A를 B에게 설명하다
Explain this part to me in detail.
이 부분을 내게 자세히 설명해주세요.

能 说 明 一 下 吗 ？

Néng shuō míng yí xià ma
넝 슈어 밍 이 씨아 마

说明[shuō míng] 설명하다

せつめい
説 明 し て も ら え ま す か ？

세츠메이 시 테 모 라 에 마 스 카

説明(せつめい) 설명
してもらう 해주다
してもらえますか 해주실 수 있나요

200

—

이젠 알겠어요.

Now I get it.

get 알다
I don't get it yet. 아직도 모르겠어.

现在懂了。

Xiàn zài dǒng le
씨엔 짜이 둥 러

现在[xiàn zài] 지금, 이제
懂[dǒng] 알다, 이해하다

やっと分(わ)かりました。

얏 토 와 카 리 마 시 타

やっと 이젠, 겨우
分(わ)かる 알다

201

—

다시 말해주세요.

Can you say that again?

say ~ again ~을 다시 말하다
I'll say that again. 내가 다시 말할게.

请 再 说 一 遍 。

Qǐng zài shuō yí biàn.
칭 짜이 슈어 이 삐엔

再[zài] 다시, 한번 더
一遍[yí biàn] 한번

もう一度言ってください。
いちど い

모 - 이치 도 잇 테 쿠 다 사 이

もう一度(いちど) 다시 한번
言(い)う 말하다
言(い)ってください 말해주세요

202

—

아직도 모르겠어요.

I still don't get it.

still 아직도
I still haven't finished my project.
아직도 프로젝트를 못 끝냈어요.

还 是 不 懂 。
Hái shì bù dǒng.
하이 슬 뿌 둥

还是[hái shì] 아직도,여전히
懂[dǒng] 알다,이해하다

まだよく分(わ)かりません。
마 다 요 쿠 와 카 리 마 센

まだ 아직
よく分(わ)かりません 잘 모르겠어요

203

---

review

	영어	중국어	일본어
질문 있어요.	☐	☐	☐
하고 싶은 말 있으십니까?	☐	☐	☐
설명해주실 수 있나요?	☐	☐	☐
이젠 알겠어요.	☐	☐	☐
다시 말해주세요.	☐	☐	☐
아직도 모르겠어요.	☐	☐	☐

204

—

천천히 하세요.

Take your time.

take one's time 천천히 하다, 여유롭게 하다
You can take your time. 천천히 하세요.

慢 慢 来 。
Màn mān lái
만 만 라이

慢慢[màn mān] 천천히

ゆっくりしてください。
윳   쿠 리 시 테 쿠 다 사 이

ゆっくり 천천히

205

—

운동하시나요?

Do you work out?

work out 운동하다

I like to work out in the morning. 아침에 운동하는 것을 좋아해요.

你 锻 炼 身 体 吗 ?
Nǐ duàn liàn shēn tǐ ma
니 뚜안 리엔 션 티 마

锻炼身体[duàn liàn shēn tǐ] 운동하다, 헬스하다

うんどう
運 動 し て い ま す か ?
운 도- 시 테 이 마 스 카

運動(うんどう) 운동

206

—

오해하지 마세요.

Don't get me wrong.

get someone wrong ~를 오해하다, ~를 잘못 보다
You've got me all wrong. 나를 완전 잘못 봤어.

不 要 误 会 。
Bú yào wù huì
부 야오 우 훼이

不要[bú yào] ~하지 마
误会[wù huì] 오해하다

ごかい
誤 解 し な い で く だ さ い 。
고카이 시 나 이 데 쿠 다 사 이

誤解(ごかい) 오해
しないで 하지 마

207

어떻게 되었어요?

How did it go?

go 일이 어떠하게 진행되다
It went really well. 정말 잘 되었어.

怎 么 样 了 ?
Zěn me yàng le
전 머 양 러

どうなりましたか？
도 - 나 리 마 시 타 카

どう 어떻게
なりました 되었어요

208

우리 화해합시다.

Let's make up.

make up 화해하다
Please make up with your friend. 제발 친구와 화해하세요.

我们和解吧。
Wǒ men hé jiě ba
워 먼 흐어 지에 바

我们[wǒ men] 우리
和解[hé jiě] 화해하다

なか
仲なおりしましょう。
나카 나오 리 시 마 쇼-

仲(なか)なおり 화해

209

—

기다리게 해서 미안해요.

Sorry to make you wait.

make someone wait ~를 기다리게 하다, 기다리게 만들다
Don't make me wait. 기다리게 하지 마.

不 好 意 思 ， 让 您 久 等 了 。
Bù hǎo yì si　　ràng nín jiǔ děng le
뿌 하오 이 스　　랑 닌 지우 덩 러

不好意思[bù hǎo yì si] 미안하다
久等[jiǔ děng] 오래 기다리다

ま
待 た せ て す み ま せ ん 。
마 타 세 테 스 미 마 센

待(ま)たせる 기다리게 하다
待(ま)たせて 기다리게 해서

210

---

review

	영어	중국어	일본어
천천히 하세요.	☐	☐	☐
운동하시나요?	☐	☐	☐
오해하지 마세요.	☐	☐	☐
어떻게 되었어요?	☐	☐	☐
우리 화해합시다.	☐	☐	☐
기다리게 해서 미안해요.	☐	☐	☐

211

—

나 너무 슬퍼요.

I'm so sad.

sad 슬픈
That movie made me sad. 그 영화는 나를 슬프게 했어.

我 好 伤 心 。
Wǒ hǎo shāng xīn
워 하오 샹 신

好~[hǎo] 너무~
伤心[shāng xīn] 슬프다

凄 く 悲 し い で す 。
스고쿠 카나 시 이 데 스

凄(すご)く 너무
悲(かな)しい 슬프다

212

—

나 화났어요.

I'm upset.

be upset 매우 화가 나다
I was upset after hearing the results.
결과를 듣고 나서 매우 화가 났다.

我 生 气 了 。
Wǒ shēng qì le
워 셩 치 러

生气[shēng qì] 화나다

あたまき
私 頭 に 来 ました 。
아타마 니 키 마 시 타

頭(あたま)に 来(く)る 화가 나다

213

—

너무 무서워요.

I'm so scared.

be scared 무서워하다
I am scared of going out at night. 밤에 외출하는 게 무서워요.

我 好 害 怕 。
Wǒ hǎo hài pà
워 하오 하이 파

好~[hǎo] 너무~
害怕[hài pà] 무섭다

とても恐いです。
토 테 모 코와 이 데 스

とても 너무
恐(こわ)い 무섭다

214

—

너무 떨려요.

I'm so nervous.

be nervous 긴장하다
I get nervous before giving a speech. 발표하기 전에 떨려요.

我 好 紧 张 。
Wǒ hǎo jǐn zhāng
워 하오 진 쟝

好~ [hǎo] 너무~
紧张 [jǐn zhāng] 떨리다, 긴장하다

とても緊張します。
토 테 모 킨 죠- 시 마 스

緊張(きんちょう) 긴장, 떨리다

너무 신이 나요.

I'm so excited.

be excited 신이 나다, 흥분하다, 기뻐하다
Why are you so excited? 뭐 때문에 그리 신난 거야?

我 好 兴 奋 。

Wǒ hǎo xīng fèn
워 하오 싱 펀

好~[hǎo] 너무~
兴奋[xīng fèn] 신나다, 흥분하다

と て も わ く わ く し ま す 。

토 테 모 와 쿠 와 쿠 시 마 스

わくわく 두근두근, 신나다

216

너무 답답해요.

I'm so frustrated.

be frustrated 답답하다
My work isn't going well, so I'm frustrated.
일이 잘 풀리지 않아서, 너무 답답해요.

我好郁闷。
Wǒ hǎo yù mèn
워 하오 위 먼

好~[hǎo] 너무~
郁闷[yù mèn] 답답하다

とてももどかしいです。
토 테 모 모 도 카 시 - 데 스

もどかしい 답답하다

	영어	중국어	일본어
나 너무 슬퍼요.	☐	☐	☐
나 화났어요.	☐	☐	☐
너무 무서워요.	☐	☐	☐
너무 떨려요.	☐	☐	☐
너무 신이 나요.	☐	☐	☐
너무 답답해요.	☐	☐	☐

218

—

왜 그래요?

What's wrong?

wrong 잘못된, 문제가 생긴
Something's wrong with my phone. 내 전화기에 문제가 생겼어.

怎 么 了 ?
Zěn me le
전 머 러

どうしましたか？
도 - 시 마 시 타 카

どうした 왜

219

무슨 문제 있으세요?

Is there a problem?

problem 문제
There's no problem. 아무 문제 없어요

有 什 么 问 题 吗 ?
Yǒu shén me wèn tí ma
여우 션 머 원 티 마

有[yǒu] 있다
问题[wèn tí] 문제

なに　　もんだい
何 か 問 題 が あ り ま す か ?
나니 카 몬 다이 가 아 리 마 스 카

何(なに)か 무슨
問題(もんだい) 문제

220

너무 걱정돼요.

I'm so worried.

be worried 걱정하다, 걱정되는
I'm worried about your health. 당신 건강이 걱정돼요.

我 好 担 心 。
Wǒ hǎo dān xīn
워 하오 딴 신

好~[hǎo] 너무~
担心[dān xīn] 걱정하다,걱정돼다

しんぱい
と て も 心 配 で す 。
토 테 모 심 파이 데 스

心配(しんぱい) 걱정

걱정하지 마세요.

Don't worry.

worry 걱정하다
Don't worry about the results. 결과에 대해 걱정하지 마세요.

不 要 担 心 。
Bú yào dān xīn
부 야오 딴 신

不要[bú yào] ~하지 마

しんぱい
心 配 し な い で く だ さ い 。
심 파이 시 나 이 데 쿠 다 사 이

しないで 하지 마

222

다 잘 될 거예요.

Everything will be fine.

be fine 괜찮다, 좋다, 잘 되다
Your business will be fine. 당신의 사업이 잘 될 겁니다.

都 会 好 起 来 的 。
Dōu huì hǎo qǐ lái de
떠우 훼이 하오 치 라이 더

都[dōu] 모두, 다
好起来[hǎo qǐ lái] 잘 되다

すべて上手く行きますよ。
스 베 테 우 마 쿠 이 키 마 스 요

すべて 모두다
上手(うま)く行(い)く 잘 되다

223

—

힘내세요.

Cheer up.

cheer up 힘내다, 기운내다
That's not a big deal! Cheer up! 그게 뭐 대수라고! 힘내!

加 油 。

Jiā yóu
찌아 여우

がんば
頑 張 っ て く だ さ い 。

감 밧 테 쿠 다 사 이

頑張(がんば)る 힘내다

	영어	중국어	일본어
왜 그래요?	☐	☐	☐
무슨 문제 있으세요?	☐	☐	☐
너무 걱정돼요.	☐	☐	☐
걱정하지 마세요.	☐	☐	☐
다 잘 될 거예요.	☐	☐	☐
힘내세요.	☐	☐	☐

225

택시 정류장이 어디 있죠?

Where is the taxi stand?

taxi stand 택시 정류장
The taxi stand is across the street.
택시 정류장은 길 건너에 있어요.

出 租 车 车 站 在 哪 里 ?

Chū zū chē chē zhàn zài nǎ li

츄 주 쳐 쳐 짠 짜이 나 리

出租车车站[chū zū chē chē zhàn] 택시 정류장
哪里[nǎ li] 어디

タクシー乗り場はどこにありますか？

타 쿠시 - 노 리 바 와 도 코 니 아 리 마 스카

タクシー乗(のり)り場(ば) 택시정류장
どこ 어디

버스 정류장이 어디 있죠?

Where's the bus stop?

bus stop 버스 정류장
Can you point me to the bus stop?
버스정류장을 손으로 가리켜 주세요.

公 交 车 车 站 在 哪 里 ?
Gōng jiāo chē chē zhàn zài nǎ li
꿍   찌아오 쳐 쳐   짠   짜이 나 리

公交车车站[gōng jiāo chē chē zhàn] 버스 정류장
哪里[nǎ li] 어디

ていりゅうじょ
バスの停留所はどこにありますか？
바 스 노 테-류-조 와 도 코 니 아 리 마 스 카

バスの停留所（ていりゅうじょ）버스정류장

—

지하철역이 어디 있죠?

Where's the subway station?

subway station 지하철역
The subway station is close to my office.
지하철역은 사무실에서 가까워요.

地 铁 站 在 哪 里 ?
Dì tiě zhàn zài nǎ li
띠 티에 짠 짜이 나 리

地铁站[dì tiě zhàn] 지하철역
哪里[nǎ li] 어디

ち かてつ　えき
地下鉄の駅はどこにありますか？
치 카 테츠 노 에키 와 도 코 니 아 리 마 스 카

地下鉄(ちかてつ)の駅(えき) 지하철역

표를 어디서 사죠?

Where can I buy a ticket?

buy a ticket 표를 사다
You can buy a ticket over there. 저기에서 표를 사면 돼요.

在 哪 里 买 票 ?
Zài nǎ li mǎi piào
짜이 나 리 마이 피아오

买[mǎi] 사다
票[piào] 표,티켓

きっぷ　　　　　　　　か
切符 は ど こ で 買 い ま す か ?
킷 푸 와 도 코 데 카 이 마 스 카

切符(きっぷ) 기차표
買(か)う 사다
買(か)います 사요

229

—

어느 버스가 시청으로 가죠?

Which bus goes to city hall?

Which bus goes to~? 어느 버스가 ~로 가죠?
Which bus goes to Mapo? 어느 버스가 마포로 가죠?

哪 路 公 交 车 去 市 厅 ?

Nǎ lù gōng jiāo chē qù shì tīng
나   루   꿍 찌아오 쳐   취   슬   팅

哪路[nǎ lù] 어느 노선
市厅[shì tīng] 시청

どのバスが市庁に行きますか？
<ruby>市庁<rt>しちょう</rt></ruby>に<ruby>行<rt>い</rt></ruby>
도 노 바 스 가 시 쵸- 니 이 키 마 스 카

市庁(しちょう) 시청

230

—

어느 버스를 타야 하죠?

Which bus should I take?

take 타다

I'll take a bus number 8. 8번 버스를 탈 거예요.

要 坐 哪 路 公 交 车 ?

Yào zuò nǎ lù gōng jiāo chē

야오 쮜 나 루 꿍 찌아오 쳐

坐[zuò] 타다

哪路[nǎ lù] 어느 노선

どのバスに乗ったらいいですか？

도 노 바 스 니 놋 타 라 이 이 데 스 카

どの 어느

乗(の)る 타다

乗(の)ったら 타면

いいですか 좋을까요

	영어	중국어	일본어
택시 정류장이 어디 있죠?	☐	☐	☐
버스 정류장이 어디 있죠?	☐	☐	☐
지하철역이 어디 있죠?	☐	☐	☐
표를 어디서 사죠?	☐	☐	☐
어느 버스가 시청으로 가죠?	☐	☐	☐
어느 버스를 타야 하죠?	☐	☐	☐

232

이것 좀 복사 좀 해주세요.

Can you make a copy of this?

make a copy 복사하다
Please make ten copies. 10장 복사해주세요.

帮 我 把 这 个 复 印 一 下 ， 好 吗 ？
Bāng wǒ bǎ zhè ge fù yìn yí xià　　hǎo ma
빵　워바쩌　거푸인　이 씨아　　하오 마

帮[bāng] 돕다
复印[fù yìn] 복사하다

これ を コ ピ ー し て く だ さ い 。
코 레 오 코 피 - 시 테 쿠 다 사 이

コピー 복사

233

—

이것 좀 팩스로 보내주세요.

Can you send this by fax?

send ~ by fax ~을 팩스로 보내다
I'll send this by fax. 이것을 팩스로 보낼게요.

帮我把这个发传真过去，好吗？
Bāng wǒ bǎ zhè ge fā chuán zhēn guò qù, hǎo ma
빵 워 바 쩌 거 파 츄안 쩐 꿔 취 하오 마

发[fā] 보내다
传真[chuán zhēn] 팩스

これをファックスで送ってください。
코 레 오 확 크 스 데 오쿳 테 쿠 다 사 이

ファックス 팩스
送(おく)る 보내다
送(おく)って 보내

헤어드라이어가 고장 났어요.

The hair drier is not working.

not working 작동하지 않다, 고장나다
The heater is not working. 히터가 고장 났어요.

吹 风 机 坏 了 。

Chuī fēng jī huài le
츄웨이 펑 지 화이 러

吹风机[chuī fēng jī] 헤어드라이어
坏[huài] 고장 나다

こわ
ヘアードライヤーが 壊れました。

헤아 - 도라이야 - 가코와레 마시타

ヘアードライヤー 드라이기
壊(こわ)れる 고장나다, 망가지다

열쇠를 방에 두고 나왔어요.

I locked out of my room.

be locked out
열쇠를 안에 두고 문을 잠그다, 열쇠를 방에 두고 나오다
He was locked out of his apartment.
그는 아파트 열쇠를 안에 두고 나왔다.

我 把 钥 匙 忘 在 房 间 里 了 。
Wǒ bǎ yào shi wàng zài fáng jiān lǐ le
워 바 야오 슬 왕 짜이 팡 지엔 리 러

钥匙[yào shi] 열쇠
忘[wàng] 두다, 깜빡하다
房间[fáng jiān] 방

かぎ　へや　お　き
鍵 を 部 屋 に 置 いて 来 ました 。
카기오 헤 야 니 오 이 테 키 마 시 타

鍵(かぎ) 열쇠
置(お)いて来(く)る 두고 오다
置(お)いて来(き)ました 두고 왔어요

236

—

변기가 막혔어요.

The toilet is clogged.

be clogged 막히다
The pipe is clogged. 파이프가 막혔어요.

马桶堵住了。

Mǎ tǒng dǔ zhù le
마 퉁 두 쮸 러

马桶[mǎ tǒng] 변기
堵住[dǔ zhù] 막히다

トイレが詰まりました。

토 이 레 가 츠 마 리 마 시 타

トイレ 변기
詰(つ)まる 막히다
詰(つ)まりました 막혔어요

무료 인터넷 제공하나요?

Do you offer free internet service?

free internet service 무료 인터넷 서비스
This hotel doesn't offer free Internet service.
이 호텔은 무료 인터넷을 제공하지 않아요

可以免费上网吗？

Kě yǐ miǎn fèi shàng wǎng ma
커 이 미엔 페이 샹 왕 마

可以[kě yǐ] 할 수 있다
免费[miǎn fèi] 무료
上网[shàng wǎng] 인터넷 하다

無料でインターネットは出来ますか？

むりょう　　　　　　　　　　　　　　でき

무료- 데 인 타 넷 토 와 데 키 마 스 카

無料(むりょう) 무료
インターネット 인터넷
出来(でき)る 할 수 있다

238

---

review

	영어	중국어	일본어
이것 좀 복사 좀 해주세요.	☐	☐	☐
이것 좀 팩스로 보내주세요.	☐	☐	☐
헤어드라이어가 고장 났어요.	☐	☐	☐
열쇠를 방에 두고 나왔어요.	☐	☐	☐
변기가 막혔어요.	☐	☐	☐
무료 인터넷 제공하나요?	☐	☐	☐

—

너무 달아요.

This is too sweet.

sweet 달콤한
This cake is too sweet. 이 케이크는 너무 달아요

太 甜 了。
Tài tián le
타이티엔 러

太[tài] 너무
甜[tián] 달다

あま
甘すぎます。
아마스 기 마 스

甘(あま)い 달다

—

너무 짜요.

This is too salty.

salty (음식 맛이) 짠
My steak is too salty. 제 스테이크가 너무 짜요.

太 咸 了 。

Tài xián le

타이 시엔 러

太[tài] 너무
咸[xián] 짜다

とてもしょっぱいです。

토 테 모   숏   파 이 데 스

しょっぱい 짜다

241

—

잘 먹었습니다.

I enjoyed it very much.

enjoy 식사를 맛있게 하다, 맛있게 먹다
Did you enjoy your meal? 식사 맛있게 하셨나요?

我 吃 好 了 。

Wǒ chī hǎo le
워 츨 하오 러

吃好[chī hǎo] 잘 먹다

ちそう さま
ご 馳 走 様 でした 。

고 치소- 사마 데 시 타

ご馳走(ちそう) 진수성찬

고기가 질겨요.

My steak is tough.

tough 질긴
This galbi is too tough. 이 갈비는 너무 질겨요.

肉 有 点 硬 。

Ròu yǒu diǎn yìng

러우 여우 디엔 잉

肉[ròu] 고기
硬[yìng] 질기다

にく　　かた
肉 が 硬 い で す 。

니쿠 가 카타 이 데 스

肉(にく) 고기
硬(かた)い 질기다, 딱딱하다

243

—

고기가 탔어요.

My steak is burnt.

be burnt 타다
The fish is burnt. 생선요리가 너무 탔어요.

肉 有 点 煳 了 。
Ròu yǒu diǎn hú le
러우 여우 디엔 후 러

有点[yǒu diǎn] 조금
煳[hú] 타다

にく こ
肉 が 焦 げ ました 。
니쿠 가 코 게 마 시 타

焦(こ)げる 타다

—

계산서 좀 갖다주세요.

Can I have my bill?

bill 계산서
Would you like your bill? 계산서 가져다 드릴까요?

我 要 买 单 。
Wǒ yào mǎi dān
워 야오 마이 딴

买单[mǎi dān] 계산하다
[설명] 중국에서는 "계산할게요"라는 표현을 많이 사용합니다.

でんぴょうも　　　　　き
伝 票 持 っ て 来 て く だ さ い 。
덴 표- 못 테 키 테 쿠 다 사 이

持(も)って来(く)る 가져오다
持(も)って来(き)て 가져와

	영어	중국어	일본어
너무 달아요.	☐	☐	☐
너무 짜요.	☐	☐	☐
잘 먹었습니다.	☐	☐	☐
고기가 질겨요.	☐	☐	☐
고기가 탔어요.	☐	☐	☐
계산서 좀 갖다주세요.	☐	☐	☐

246

—

언제 시간 되세요?

When are you free?

be free (시간이) 자유롭다
I'm always free after 6 pm. 난 오후 6시 이후면 늘 시간이 돼.

什么时候有空？
Shén me shí hou yǒu kòng
션　머　슬　허우 여우 쿵

什么时候[shén me shí hou] 언제
有空[yǒu kòng] 시간 되다

_{じかん} _あ
いつ 時 間 が 空 きますか？
이　츠　지 캉 가 아 키 마 스 카

いつ 언제
時間(じかん) 시간
空(あ)く 비다

247

—

두 시에 만나요.

Let's make it at two.

make it 약속시간을 ~에 잡다
I'm busy at 2. Let's make it 5. 2시는 바빠, 5시로 잡자.

两点见吧。

Liǎng diǎn jiàn ba

리앙 디엔 찌엔 바

两点[liǎng diǎn] 두 시
见[jiàn] 보다, 만나다

2時に会いましょう。

니 지 니 아 이 마 쇼-

会(あ)う 만나다
~ましょう ~ㅂ시다

248

두 시는 어때요?

How about two?

How about~? ~는 어때?
How about Sunday evening? 일요일 저녁은 어때?

两 点 怎 么 样 ?
Liǎng diǎn zěn me yàng
리앙 디엔 전 머 양

怎么样[zěn me yàng] 어때

2 時 は ど う で す か ?
니 지 와 도 - 데 스 카

どう 어때

—

그날 못 가요.

I can't make it that day.

make it 약속을 지키다
I can't make it on Sunday. 일요일은 안 돼요.

那 天 我 不 能 去 。

Nà tiān wǒ bù néng qù
나 티엔 워 뿌 넝 취

那天[nà tiān] 그날
不能去[bù néng qù] 못 가다

ひ い
その日は行けません。

소 노 히 와 이 케 마 센

その日(ひ) 그날
行(い)く 가다
行(い)けない 못 가다

250

—

언제가 좋으세요?

When is good for you?

be good for~ ~에게 좋다
2 pm is good for me. 난 오후 2시가 좋아.

什 么 时 候 方 便 ?
Shén me shí hou fāng biàn
선 머 슬 허우 팡 삐엔

什么时候[shén me shí hou] 언제
方便[fāng biàn] 좋다, 편하다

い つ が い い で す か ?
이 츠 가 이 이 데 스 카

いつ 언제
いい 좋다

화요일은 어때요?

How about Tuesday?

> How about~? ~는 어때?
> How about next weekend? 다음 주말은 어때?

星 期 二 怎 么 样 ？
Xīng qī èr zěn me yàng
씽 치 얼 전 머 양

> 星期二[xīng qī èr] 화요일
> 怎么样[zěn me yang] 어때

かようび
火 曜 日 は ど う で す か ？
카요-비 와 도 - 데 스 카

> 火曜日(かようび) 화요일

	영어	중국어	일본어
언제 시간 되세요?	☐	☐	☐
두 시에 만나요.	☐	☐	☐
두 시는 어때요?	☐	☐	☐
그 날 못 가요.	☐	☐	☐
언제가 좋으세요?	☐	☐	☐
화요일은 어때요?	☐	☐	☐

253

—

탈의실이 어디 있죠?

Where's the fitting room?

fitting room 탈의실
Fitting room is over there. 탈의실은 저쪽에 있어요.

试 衣 间 在 哪 里 ?

Shì yī jiān zài nǎ li
슬 이 지엔 짜이 나 리

试衣间[shì yī jiān] 탈의실
哪里[nǎ li] 어디

こういしつ
更 衣 室 は ど こ で す か ?

코우이시츠 와 도 코 데 스 카

更衣室(こういしつ) 탈의실

이거 입어봐도 돼요?

Can I try this on?

try on 입어보다, 신어보다, 착용해보다
Can I try on this sweater? 이 스웨터 입어봐도 되요?

我 能 穿 一 下 这 件 吗 ?
Wǒ néng chuān yí xià zhè jiàn ma
워 넝 츄안 이 씨아 쩌 찌엔 마

穿[chuān] 입다
这件[zhè jiàn] 이거

これ、着てみてもいいですか？
코 레, 키 테 미 테 모 이 이 데 스 카

着(き)る 입다
着(き)てみる 입어보다
いいですか？ 좋아요? 돼요?

너무 커요.

It's too big for me.

big for~ ~에게 크다

This coat is a little big for me. 이 코트는 약간 커요.

太 大 了 。

Tài dà le

타이 따 러

太[tài] 너무
大[dà] 크다

おお
大 き す ぎ ま す 。

오오 키 스 기 마 스

大(おお)きい 크다
~すぎる 너무

256

너무 작아요.

It's too small for me.

small for~ ~에게 작다
These pants are too small for me. 이 바지는 내게 너무 작아요.

太 小 了 。

Tài xiǎo le
타이 시아오 러

太[tài] 너무
小[xiǎo] 작다

小さすぎます。
ちい

치이사 스 기 마 스

小(ちい)さい 작다

257

—

한 치수 큰 거 주세요.

Give me one size up.

size up 사이즈를 올리다
Give me two sizes up. 두 치수 큰 거로 주세요.

请 给 我 大 一 个 尺 码 的 。

Qǐng gěi wǒ dà yí ge chǐ mǎ de
칭 게이 워 따 이 거 츨 마 더

给[gěi] 주다
大[dà] 크다
一个尺码[yí ge chǐ mǎ] 한 치수

ワンサイズ大きい物をください。
おお　　　もの
완 사 이 즈 오오 키 이 모 노 오 쿠 다 사 이

ワンサイズ 한 치수
物(もの) 것

258

—

한 치수 작은 걸로 주세요.

Give me one size down.

size down 사이즈를 내리다
Can I have one size down? 한 사이즈 작은 걸로 주세요.

请 给 我 小 一 个 尺 码 的 。

Qǐng gěi wǒ xiǎo yí ge chǐ mǎ de
칭 게이 워 시아오 이 거 츨 마 더

给[gěi] 주다
小[xiǎo] 작다
一个尺码[yí ge chǐ mǎ] 한 치수

<ruby>ちい<rt></rt></ruby> <ruby>もの<rt></rt></ruby>
ワンサイズ小さい物をください。
완 사 이 즈 치이사 이 모노오 쿠 다 사 이

ワンサイズ 한 치수

259

---

review

	영어	중국어	일본어
탈의실이 어디 있죠?	☐	☐	☐
이거 입어봐도 돼요?	☐	☐	☐
너무 커요.	☐	☐	☐
너무 작아요.	☐	☐	☐
한 치수 큰 거 주세요.	☐	☐	☐
한 치수 작은 걸로 주세요.	☐	☐	☐

260

—

매표소가 어디 있죠?

Where's the ticket stand?

ticket stand 매표소
The ticket stand is over there. 매표소는 저기에 있어요.

售 票 处 在 哪 里 ?
Shòu piào chù zài nǎ li
써우 피아오 츄 짜이 나 리

售票处[shòu piào chù] 매표소
哪里[nǎ li] 어디

チケット売り場はどこにありますか？
치 켓 토 우 리 바 와 도 코 니 아리 마 스 카

チケット売(う)り場(ば) 매표소
あります 있습니다

—

입장료가 얼마죠?

What's the admission fee?

admission fee 입장료
What's the admission fee for adults?
성인 입장료는 얼마죠?

门 票 多 少 钱 ?

Mén piào duō shǎo qián

먼 피아오둬 샤오 치엔

门票 [mén piào] 입장료
多少钱 [duō shǎo qián] 얼마

にゅうじょうりょう
入 場 料 は い く ら で す か ?

뉴- 죠- 료- 와 이 쿠 라 데 스 카

入場料(にゅうじょうりょう) 입장료
いくら 얼마

—

영업시간이 어떻게 돼요?

What are your business hours?

business hours 영업시간
Our business hours are from 9 to 5.
영업시간은 오전 9시에서 오후 5시까지입니다.

营业时间几点到几点？
Yíng yè shí jiān jǐ diǎn dào jǐ diǎn
잉 예 슬 지엔 지 디엔 따오 지 디엔

营业时间[yíng yè shí jiān] 영업시간
几点到几点[jǐ diǎn dào jǐ diǎn] 몇 시부터 몇 시까지

えいぎょうじかん
営業時間はどうなっていますか？
에-교-지 캉 와도 - 낫 떼 이마스 카

営業時間(えいぎょうじかん) 영업시간
どうなる 어떻게 되다
どうなりますか 어떻게 되나요?

263

여기 책임자가 누구죠?

Who's in charge here?

be in charge 담당인, 책임을 지는
I'm in charge here. 제가 이곳 책임자입니다.

这 里 的 负 责 人 是 谁 ？
Zhè lǐ de fù zé rén shì shuí
쩌 리 더 푸 저 런 슬 슈웨이

这里[zhè lǐ] 여기
负责人[fù zé rén] 책임자
谁[shuí] 누구

せきにんしゃ　　　だれ
こ こ の 責 任 者 は 誰 で す か ？
코 코 노　세키닌샤　와 다레 데 스 카

責任者(せきにんしゃ) 책임자
誰(だれ) 누구

264

그는 지금 휴가 중이에요.

He's on vacation now.

be on vacation 휴가 중인
Mr. Kim is on vacation this week.
미스터 김은 이번 주에 휴가입니다.

他 现 在 在 休 假 。
Tā xiàn zài zài xiū jià
타 씨엔 짜이 짜이 씨우 찌아

他[tā] 그
现在[xiàn zài] 지금
休假[xiū jià] 휴가, 휴가를 보내다

かれ　　いま きゅうかちゅう
彼 は 今 休 暇 中 です。
카레 와 이마 큐-카 츄- 데 스

彼(かれ) 그
今(いま) 지금
休暇中(きゅうかちゅう) 휴가중

265

—

출장 중이세요.

He's on a business trip.

on a business trip 출장 중인
He's on a business trip to L.A. 그는 LA에 출장 중이세요.

他 出 差 了 。
Tā chū chāi le
타 츄 챠이 러

出差[chū chāi] 출장 가다

しゅっちょうちゅう
出 張 中 です 。
슛 쵸- 츄- 데 스

出張中(しゅっちょうちゅう) 출장중

266

---

review

	영어	중국어	일본어
매표소가 어디 있죠?	☐	☐	☐
입장료가 얼마죠?	☐	☐	☐
영업시간이 어떻게 돼요?	☐	☐	☐
여기 책임자가 누구죠?	☐	☐	☐
그는 지금 휴가 중이에요.	☐	☐	☐
출장 중이세요.	☐	☐	☐

—

밤 샜어요.

I stayed up all night.

stay up 밤새다, 자지 않고 깨어 있다
I stayed up until 2 am. 나는 새벽 2시까지 깨어 있었다.

我 熬 夜 了 。

Wǒ áo yè le
워 아오 예 러

熬夜[áo yè] 밤 새다

てつや
徹 夜 し ま し た 。

테츠야 시 마 시 타

徹夜(てつや) 철야

268

—

피곤해 보이세요.

You look tired.

look tired 피곤해 보이다
Why do you look tired? 왜 그리 피곤해 보이니?

你 看 上 去 很 累 。
Nǐ　kàn shàng qù　hěn　lèi
니　칸　샹　취　헌　레이

看上去[kàn shàng qù] 보기에 ~하다
累[lèi] 피곤하다

つか
お 疲 れ の よ う で す ね 。
오 츠카 레 노 요 우 데 스 네

疲(つか)れる 피곤하다

269

—

그동안 어떻게 지내셨어요?

How have you been?

have been~ ~게 지내다
Have you been well? 잘 지내셨어요?

你 最 近 过 得 好 吗 ?

Nǐ zuì jìn guò de hǎo ma
니 쮜이 찐 꿔 더 하오 마

最近[zuì jìn] 최근, 근래
过[guò] 지내다

いかがお過ごしですか?

이 까 가 오 스 고 시 데 쓰 카

過(す)ごす 지내다
お過(す)ごし 지내심

—

인사하러 잠깐 들렀어요.

I just stopped by to say hello.

stop by 잠깐 들르다
I stopped by the grocery store on my way home.
집에 가는 길에 식료품 가게에 잠깐 들렀어요.

我 来 打 个 招 呼 。
Wǒ lái dǎ ge zhāo hu
워 라이 다 거 쟈오 후

来[lái] 들르다
打招呼[dǎ zhāo hu] 인사하다

挨拶がてら立ち寄りました。
あいさつ　　　　　た　　よ
아이사츠 가 테 라 타 치 요 리 마 시 타

挨拶(あいさつ) 인사
立(た)ち寄(よ)る 들르다
立(た)ち寄(よ)り 들러

271

회사에 못 간다고 전화했어요.

I called in sick.

call in sick (회사나 학교에 아파서) 못간다고 전화하다.
I'd better call in sick now. 아파서 못간다고 지금 전화해야겠어.

我给公司打过电话，说不能去了。

Wǒ gěi gōng sī dǎ guò diàn huà shuō bù néng qù le
워 게이 꿍 쓰 다 꿔 띠엔 화 슈어 뿌 넝 취 러

公司[gōng sī] 회사
打电话[dǎ diàn huà] 전화하다
不能~[bù néng] ~못하다
去[qù] 가다

会社に行けないと電話をしました。
かいしゃ い　　　　　　でんわ

카이샤 니 이 케 나 이 토 뎅와 오 시 마 시 타

会社(かいしゃ) 회사
行(い)ける 갈 수 있다
行(い)けない 갈 수 없다

272

—

늦잠 잤어요.

I overslept.

oversleep 늦잠 자다
I'm late because I overslept. 늦잠 자서 지각했어요.

我 睡 懒 觉 了 。
Wǒ shuì lǎn jiào le
워 슈웨이 란 찌아오 러

睡[shuì] 자다
懒觉[lǎn jiào] 늦잠

あさねぼう
朝 寝 坊 し ま し た 。
아사 네보- 시 마 시 타

朝寝坊(あさねぼう)する 늦잠 자다

	영어	중국어	일본어
밤 샜어요.	☐	☐	☐
피곤해 보이세요.	☐	☐	☐
그동안 어떻게 지내셨어요?	☐	☐	☐
인사하러 잠깐 들렀어요.	☐	☐	☐
회사에 못 간다고 전화했어요.	☐	☐	☐
늦잠 잤어요.	☐	☐	☐

답답하네요.

I'm a little frustrated.

be frustrated 답답한, 답답해하는
Why are you frustrated? 왜 답답해 하는 거니?

郁 闷 死 了 。

Yù mèn sǐ le
위 먼 스 러

郁闷[yù mèn] 답답하다
~死了[~sǐ le] 아주, 너무

も ど か し い で す 。

모 도 카 시 - 데 스

もどかしい 답답하다

—

진짜 감동 받았어요.

I was deeply moved.

be moved 감동받다
I was moved by the movie. 영화를 보고 감동 받았어요.

我深受感动 。

Wǒ shēn shòu gǎn dòng
워 션 쎠우 간 뚱

深受[shēn shòu] 깊이 받다
感动[gǎn dòng] 감동

かんどう
すごく感動しました。

스 고 쿠 칸도- 시 마 시 타

すごく 매우, 진짜
感動(かんどう) 감동

276

—

걱정 됩니다.

I'm a little concerned.

be concerned 걱정하다, 걱정되다
I'm so concerned about your health.
난 네 건강이 너무 걱정된다.

我 很 担 心 。
Wǒ hěn dān xīn
워   헌   딴   신

担心[dān xīn] 걱정 되다

しんぱい
心 配 で す 。
심파이   데 스

心配(しんぱい) 걱정

277

—

후회는 없어요.

I have no regrets.

have regrets 후회하다
I have so many regrets about my high school days.
고교시절에 대해 후회가 많아요.

我 不 后 悔 。
Wǒ bú hòu huǐ
워 부 허우 훼이

后悔[hòu huǐ] 후회

こうかい
後 悔 は あ り ま せ ん 。
코-카이 와 아 리 마 센

後悔(こうかい) 후회

278

심심해요.

I'm so bored.

be bored 심심해하다
Are you bored? Do you want to go out?
심심하니? 밖에 나갈래?

我 好 无 聊 。
Wǒ hǎo wú liáo
워 하오 우 리아오

无聊[wú liáo] 심심하다

_{たいくつ}
退 屈 で す 。
타이쿠츠 데 스

退屈(たいくつ) 심심하다

279

—

못 참겠어요.

I can't stand it.

stand it (어떤 상황을) 참다, 견뎌내다, 인내하다
I can't stand it any more! 더 이상 못 참겠어!

我 忍 不 住 了 。
Wǒ rěn bú zhù le
워 런 부 쮸 러

忍住[rěn zhù] 참다
忍不住[rěn bú zhù] 못 참다

我 慢 できません 。
<ruby>我 慢<rt>がまん</rt></ruby>
가망 데 키 마 센

我慢(がまん) 참다
できません 할수없어요

280

---

review

	영어	중국어	일본어
답답합니다.	☐	☐	☐
진짜 감동 받았어요.	☐	☐	☐
걱정 됩니다.	☐	☐	☐
후회는 없어요.	☐	☐	☐
심심해요.	☐	☐	☐
못 참겠어요.	☐	☐	☐

281

지금 통화 가능하세요?

Can you talk now?

talk 말하다, 대화하다, 통화하다
I can talk to you now. 당신과 통화 가능해요.

现 在 可 以 通 电 话 吗 ？
Xiàn zài   kě   yǐ   tōng diàn huà ma
씨엔 짜이 커 이 퉁 띠엔 화 마

可以[kě yǐ] 가능하다
通电话[tōng diàn huà] 통화하다

いま　　　はなし
今 、 お 話 で き ま す か ？
이마   오 하나시 데 키 마 스 카

今(いま) 지금
できます 할수있다

282

—

지금 회의 중입니다.

I'm in a meeting.

be in a meeting 회의 중에 있다
Mr. Kim is in a meeting now. 미스터 김은 회의 중이세요.

我 现 在 在 开 会 。
Wǒ xiàn zài zài kāi huì
워 씨엔 짜이 짜이 카이 훼이

在[zài] ~하는 중
开会[kāi huì] 회의하다

いま　　　かいぎちゅう
今 、会 議 中 で す 。
이마　　카이기 츄-데 스

会議中(かいぎちゅう) 회의중

283

—

점심식사 하러 나갔어요.

He's out for lunch.

be out 외출하다, 나가다
Mr. Park is out for a meeting. 미스터 박은 회의하러 나갔어요.

他 吃 午 饭 去 了 。
Tā chī wǔ fàn qù le
타 츨 우 판 취 러

吃[chī] 먹다
午饭[wǔ fàn] 점심

ちゅうしょくた　　　　　　い
昼 食 を 食 べ に 行 き ま し た 。
츄-쇼쿠 오 타 베 니 이 키 마 시 타

昼食(ちゅうしょく) 점심
食(た)べに行(い)く 먹으러 가다

284

—

이따 다시 전화해줄래요?

Can you call me back later?

call someone back ~에게 다시 전화하다
Can you call me back in an hour?
한 시간 뒤에 다시 전화해주실 수 있나요?

一 会 儿 再 打 过 来 ， 好 吗 ？
Yí huìr zài dǎ guò lái hǎo ma
이 훨 짜이 다 꿔 라이 하오 마

一会儿[yí huìr] 이따
再[zài] 다시
打[dǎ] 걸다

後 でまた 電 話 くれますか？
あと でんわ
아토 데 마 타 뎅 와 쿠 레 마 스 카

後(あと)で 나중에
また 다시
電話(でんわ) 전화
くれる (상대방이 나에게) 주다
くれます (상대방이 나에게) 줘요

문자 주세요.

Please text me.

text 문자, 문자 하다, 문자 치다
I can't get your call. Just text me. 지금 전화를 못 받아. 문자로 해.

发 短 信 吧 。
Fā duǎn xìn ba
파 두안 씬   바

发[fā] 보내다
短信[duǎn xìn] 문자

メ ー ル く だ さ い 。
메 - 르 쿠 다 사 이

メール 문자
ください 주세요

배터리가 다 돼가요.

The battery is running out.

run out 다 쓰다, 다 떨어지다, 다 사용하다
We ran out of gas. (자동차) 기름이 다 떨어졌어.

快要没电池了。

Kuài yào méi diàn chí le
콰이 야오 메이 띠엔 츨 러

快要[kuài yào] 곧 ~게 되다
没[méi] 없다
电池[diàn chí] 배터리

バッテリーが無くなりそうです。

밧 테 리- 가 나 쿠 나 리 소- 데 스

バッテリー 배터리
無(な)くなる 없어지다, 다 되다
～そう ～겠다, ~것 같다

	영어	중국어	일본어
지금 통화 가능하세요?	☐	☐	☐
지금 회의 중입니다.	☐	☐	☐
점심식사 하러 나갔어요.	☐	☐	☐
이따 다시 전화해줄래요?	☐	☐	☐
문자주세요.	☐	☐	☐
배터리가 다 돼가요.	☐	☐	☐

—

목이 아파요.

I have a sore throat.

sore throat 목이 부은, 목이 아픈
What's good medicine for a sore throat?
목 아플 때 좋은 약이 뭐죠?

我 有 点 嗓 子 痛 。
Wǒ yǒu diǎn sǎng zi tòng
워 여우 디엔 상 즈 퉁

有点[yǒu diǎn] 조금
嗓子[sǎng zi] 목
痛[tòng] 아프다

のど　いた
喉 が 痛 い で す 。
노도 가 이타 이 데 스

喉(のど) 목
痛(いた)い 아프다

289

—

넘어졌어요.

I tripped.

trip 발을 헛디뎌 넘어지다, 걸려 넘어지다
I almost tripped on the cord. 전기코드에 걸려 넘어질 뻔 했어요.

我 摔 倒 了 。
Wǒ shuāi dǎo   le
워 슈와이 다오   러

摔倒[shuāi dǎo] 넘어지다

ころ
転 び ま し た 。
코 로 비   마 시   타

転(ころ)ぶ 넘어지다
転(ころ)び 넘어져

290

—

메스꺼워요.

I feel nauseous.

feel nauseous 메스꺼운, 구역질 나는, 체한
I felt nauseous after taking a taxi. 택시 타니까 메스꺼웠어요.

我 有 点 恶 心 。
Wǒ yǒu diǎn ě xin
워 여우 디엔 으어 신

有点[yǒu diǎn] 조금
恶心[ě xin] 메스껍다

吐^はき気^けがします 。
하 키 케 가 시 마 스

吐(は)く 토하다

291

—

속이 더부룩해요.

I feel gassy.

feel gassy 더부룩하다
I feel gassy after eating pizza. 피자를 먹고 나서 더부룩해요

我 有 点 腹 胀 。
Wǒ yǒu diǎn fù zhàng
워 여우 디엔 푸 쌍

腹胀[fù zhàng] 속이 더부룩하다

い
胃 が も た れ ま す 。
이 가 모 타 레 마 스

胃(い) 위
もたれる 더부룩하다

292

—

설사를 해요.

I have diarrhea.

have diarrhea 설사를 하다
After eating sushi, I had diarrhea.
초밥을 먹고 나서 설사를 했어요.

我 有 点 拉 肚 子 。
Wǒ yǒu diǎn lā dù zi
워 여우 디엔 라 뚜 즈

有点[yǒu diǎn] 조금
拉肚子[lā dù zi] 설사하다

げり
下 痢 を し て い ま す 。
게 리 오 시 떼 이 마 스

下痢(げり) 설사

293

—

배가 아파요.

My stomach hurts.

~ hurts ~가 아프다
My leg hurts. 다리가 아파요.

我 有 点 肚 子 痛 。
Wǒ yǒu diǎn dù zi tòng
워 여우 디엔 뚜 즈 퉁

肚子[dù zi] 배
痛[tòng] 아프다

お 腹 が 痛 い で す 。
なか いた
오 나카 가 이타 이 데 스

お腹(なか) 배
痛(いた)い 아프다

294

---

review

	영어	중국어	일본어
목이 아파요.	☐	☐	☐
넘어졌어요.	☐	☐	☐
메스꺼워요.	☐	☐	☐
속이 더부룩해요.	☐	☐	☐
설사를 해요.	☐	☐	☐
배가 아파요.	☐	☐	☐

—

우린 손발이 척척 맞아요.

We have good chemistry.

Have good chemistry 호흡이 잘 맞다, 손발이 척척 맞다
I have good chemistry with my partner.
나는 파트너와 손발이 척척 맞아요.

我们很默契。

Wǒ men hěn mò qì
워 먼 헌 뭐 치

我们[wǒ men] 우리
很默契[hěn mò qì] 손발이 척척 맞다

わたし　　　　いき　あ
私たちとても息が合うんです。
와타시 타 치 토 테 모 이끼 가 아 운 데 스

私達(わたしたち) 우리

296

—

아슬아슬했어요.

That was close.

close 아슬아슬한, 큰일날 뻔한
That was so close. 너무 아슬아슬했어요.

好 险 啊 。

Hǎo xiǎn a
하오 시엔 아

ぎ り ぎ り で し た 。

기 리 기 리 데 시 타

ぎりぎり 아슬아슬

297

—

상황에 따라 달라요.

It depends.

depend 달려 있다
It really depends on who your boss is.
너의 상사가 누구냐에 따라 완전히 다르다.

要看情况。

Yào kàn qíng kuàng
야오 칸 칭 쿠앙

看[kàn] 보다
情况[qíng kuàng] 상황

じょうきょうおう   ちが
状況に応じて違います。

죠- 쿄- 니 오-지 테 치가 이 마 스

状況(じょうきょう) 상황
応(おう)じて 따라
違(ちが)う 달라요

—

대박 났어요!

It was a big hit!

big hit 대히트, 대성공, 대박
Pokemon Go was a big hit this year.
올해 포켓몬고는 대박을 쳤다.

大 获 成 功 了 !

Dà huò chéng gōng le
따 훠 청 꿍 러

大获成功[dà huò chéng gōng] 대박 나다

おおあ
大当たりですよ！

오오 아 타 리 데 스 요

大当(おおあ)たり 대박나다

299

—

칭찬해줘서 고맙습니다.

Thanks for your compliment.

compliment 칭찬, 찬사
He gave me many compliments.
그는 내게 칭찬을 많이 해주었다.

多谢夸奖。

Duō xiè kuā jiǎng
뒤 씨에 쿠아 지앙

多谢[duō xiè] 아주 고맙다
夸奖[kuā jiǎng] 칭찬하다

ほ   ありがと
褒めてくださって有難うございます。

호 메 테 쿠다 삿   테 아리가토- 고 자 이 마 스

褒(ほ)める 칭찬하다

300

—

과찬의 말씀이십니다.

I'm so flattered.

be flattered 어깨가 으쓱해지다, 칭찬에 기뻐하다
I'm flattered that you thought of me.
나를 생각해주다니 으쓱해지는 걸.

过奖了。
Guò jiǎng le
꿔 지앙 러

ほ
褒めすぎです。
호 메 스 기 데 스

褒(ほ)めすぎ 너무 칭찬하다

301

—

review

	영어	중국어	일본어
우린 손발이 척척 맞아요.	☐	☐	☐
아슬아슬했어요.	☐	☐	☐
상황에 따라 달라요.	☐	☐	☐
대박 났어요!	☐	☐	☐
칭찬해줘서 고맙습니다.	☐	☐	☐
과찬의 말씀이십니다.	☐	☐	☐

302

—

인터넷 검색해봤어요.

I googled it.

google~   ~을 인터넷으로 검색하다
I googled your personal details.
당신에 대한 자세한 사항을 검색해봤어요.

我 上 网 查 过 。

Wǒ shàng wǎng chá guò
워 샹 왕 챠 꿔

上网[shàng wǎng] 인터넷을 하다
查[chá] 검색하다, 찾아보다

けんさく
インターネットで検索してみました。

인 타- 넷 토 데 켄사쿠 시 테 미 마 시 타

インターネット 인터넷
検索(けんさく) 검색
してみる 해보다

303

—

이 양식을 작성해주세요.

Fill out this form.

fill out (서식이나 양식을) 작성하다
You need to fill this out. 이 서류를 작성하셔야 합니다.

请 填 写 这 个 表 格 。

Qǐng tián xiě zhè ge biǎo gé
칭 티엔 시에 쩌 거 비아오 그어

填写[tián xiě] 작성하다
表格[biǎo gé] 양식

かたち　つく
この 形 で 作って ください。

코 노 카타치 데 츠쿳　떼 구 다 사 이

形(かたち) 양식, 형식

[설명] 形(かたち)와 함께 樣式(ようしき)라는 표현도 많이 씁니다.

作(つく)る 만들다, 작성하다

304

뭐가 다르죠?

What's the difference?

difference 차이점, 다른 점
There's no difference. 차이점은 없어요.

有 什 么 不 一 样 吗 ?
Yǒu shén me bù   yí yàng ma
여우션   머   뿌   이   양   마

不一样[bù yí yàng] 다르다

なに　　ちが
何 が 違 い ま す か ?
나니 가 치가 이 마 스 카

違(ちが)う 다르다

305

—

언제부터요?

Since when?

since~ ~부터

Since when did you quit smoking? 언제부터 금연하신 거에요?

从 什 么 时 候 开 始 的 ?
Cóng shén me shí hou kāi shǐ de
충 션 머 슬 허우 카이 슬 더

从[cóng] ~부터
什么时候[shén me shí hou] 언제
开始[kāi shǐ] 시작하다

いつ から です か ?
이 츠 카 라 데 스 카

いつ 언제
~から ~부터

—

무엇 때문이죠?

What for?

for~ ~ 을 위한, ~ 때문인

Who's this present for? 누구를 위한 선물이죠?

因 为 什 么 ?

Yīn wèi shén me

인 웨이 션 머

因为[yīn wèi] ~때문에
什么[shén me] 무엇

何 の 為 で し ょ う か ？

なん ため

난 노 타메 데 쇼- 카

何(なん)の 무엇
為(ため) 때문

—

이메일로 보내줄게요.

I'll email it to you.

email to someone ~ ~에게 이메일 보내다
Can you email this to me right away?
나에게 곧바로 이메일 보내줄 수 있나요?

我 给 你 发 邮 件 吧 。
Wǒ gěi nǐ fā yóu jiàn ba
워 게이 니 파 여우 찌엔 바

发[fā] 보내다
邮件[yóu jiàn] 이메일

eメールで送って ください 。
이-메 - 르 데 오 쿳 테 쿠 다 사 이

eメール 이메일
送(おく)る 보내다

308

---

review

	영어	중국어	일본어
인터넷 검색해봤어요.	☐	☐	☐
이 양식을 작성해주세요.	☐	☐	☐
뭐가 다르죠?	☐	☐	☐
언제부터요?	☐	☐	☐
무엇 때문이죠?	☐	☐	☐
이메일로 보내줄게요.	☐	☐	☐

309

—

술 마시자.

Let's have a drink.

have a drink 술 한잔 하다, 술 마시다
How about having a drink after work? 퇴근 후 한잔 어때요?

我们喝一杯吧。

Wǒ men hē yì bēi ba
워 먼 허 이 뻬이 바

喝[hē] 마시다
一杯[yì bēi] 한잔

さけ の
お酒飲みましょう。

오 사케 노 미 마   쇼-

お酒(さけ) 술
飲(の)む 마시다
飲(の)みましょう 마시자

310

제가 살게요.

It's my treat.

one's treat ~가 음식값을 내는 것, 한 턱 내는 행위
It's my treat today. 오늘은 제가 사는 겁니다.

我 请 客 .
Wǒ qǐng kè
워 칭 크어

请客[qǐng kè] 한턱 내다

わたし おご
私 が 驕 り ま す 。
와타시가 오고 리 마 스

奢(おご)る 사 주다

311

—

건배합시다!

Let's toast!

toast 건배하다, 건배
I would like to propose a toast. 제가 건배 제의를 하고자 합니다.

干 杯 ！

Gān bēi

깐 뻬이

干杯[gān bēi] 건배

かんぱい
乾 杯 し ま し ょ う ！

캄 파이 시 마   쇼-

乾杯(かんぱい) 건배

312

—

전 술이 약해요.

I'm a poor drinker.

poor drinker 술이 약한 사람, 술을 잘 못 먹는 사람
Are you a poor drinker? 술이 약하시나요?

我 的 酒 量 很 小 。

Wǒ de jiǔ liàng hěn xiǎo
워 더 지우 리앙 헌 시아오

我的[wǒ de] 나의
酒量[jiǔ liàng] 주량
小[xiǎo] 작다

わたし　　　さけ　よわ
私 は お 酒 に 弱 い で す 。

와타시와 오 사케 니 요와 이 데 스

弱(よわ)い 약하다

313

—

전 여기 단골이에요.

I'm a regular here.

a regular 단골손님
He's a regular at this restaurant. 그는 이 식당 단골손님이야.

我 是 这 里 的 常 客 。
Wǒ shì zhè lǐ de cháng kè
워 슬 쩌 리 더 창 크어

这里[zhè lǐ] 여기
常客[cháng kè] 단골손님

わたし
私 は こ こ の 常 連 客 です 。
じょうれんきゃく

와타시와 코 코 노 죠-렌캬쿠 데 스

ここ 여기
常連客(じょうれんきゃく) 단골

314

—

다음에 또 올게요.

I'll be back for sure.

be back 돌아오다
He'll be back soon. 그는 곧 돌아올 거야.

下 次 我 还 会 来 的 。
Xià cì wǒ hái huì lái de
씨아 츠 워 하이 훼이 라이 더

下次 xià cì 다음에
还会[hái huì] 또~(할)것이다
来[lái] 오다

また 来ます。
マ タ キ マ ス

また 다음에, 다시
来(く)る 오다

315

—

review

	영어	중국어	일본어
술 마시자.	☐	☐	☐
제가 살게요.	☐	☐	☐
건배합시다!	☐	☐	☐
전 술이 약해요.	☐	☐	☐
전 여기 단골이에요.	☐	☐	☐
다음에 또 올게요.	☐	☐	☐

316

—

저 어때요?

How do I look?

How do I look~? 저 어때요?
How do I look in this jacket? 이 자켓 내게 어때?

我 怎 么 样 ?
Wǒ zěn me yàng
워 전 머 양

怎么样[zěn me yàng] 어때

わたし
私 、 ど う で す か ？
와타시　　도-　데 스 카

317

—

잘 어울려요.

It looks good on you.

look good on~ ~에게 잘 어울리다
That dress looks good on you.
그 드레스는 당신에게 잘 어울려요.

看 上 去 很 合 适 。
Kàn shàng qù hěn hé shì
칸 상 취 헌 허 슬

看上去[kàn shàng qù] 보기에
合适[hé shì] 어울리다

よく似^{にあ}合います。
요 쿠 니아 이 마 스

似合(にあ)う 어울리다

318

—

그걸로 살게요.

I'll buy it.

buy 사다
I need to buy some pants. 바지 몇 벌을 사야 해.

就 买 这 个 了 。
Jiù mǎi zhè ge le.
찌우마이 쩌 거 러

就[jiù] 바로~
买[mǎi] 사다

それ に し ま す 。
소 레 니 시 마 스

それにする 그걸로 하다, 그걸로 사다

319

—

다른 것 좀 보여주세요.

Show me another one.

show [sb] another [sth] ~에게 다른 ~을 보여주다
Can you show me another color? 다른 색으로 보여주세요.

给 我 看 一 下 别 的 吧 。
Gěi wǒ kàn yí xià bié de ba
게이 워 칸 이 씨아 비에 더 바

给~[gěi] ~에게
看[kàn] 보다
别的[bié de] 다른 것

ほか もの み
他 の 物 も 見 せ て く だ さ い 。
호카노 모노 모 미 세 테 쿠 다 사 이

他(ほか) 다른
見(み)せる 보여주다
見(み)せて 보여줘

320

—

이거 제 사이즈로 있어요?

Do you have this in my size?

in one's size ~의 사이즈로, ~의 치수로
Do you have these shoes in my size?
제 사이즈로 이 신발이 있나요?

这 件 有 我 的 尺 码 吗 ？
Zhè jiàn yǒu wǒ de chǐ mǎ ma
쩌 찌엔 여우 워 더 츨 마 마

有[yǒu] 있다
尺码[chǐ mǎ] 사이즈

これ、私のサイズはありますか？
코 레, 와타시노 사 이 즈 와 아 리 마 스 카

サイズ 사이즈
ありますか 있습니까

321

—

이거 파란색으로 있어요?

Do you have this in blue?

in blue 파랑색으로
We have this in black. 검정색으로 이게 있어요.

这件有蓝色的吗？

Zhè jiàn yǒu lán sè de ma
쪄 찌엔 여우 란 쓰어 더 마

有[yǒu] 있다
蓝色[lán sè] 파란색

これ、青もありますか？
あお

코 레, 아오모아리마스카

青(あお) 파란색

	영어	중국어	일본어
저 어때요?	☐	☐	☐
잘 어울려요.	☐	☐	☐
그걸로 살게요.	☐	☐	☐
다른 것 좀 보여주세요.	☐	☐	☐
이거 제 사이즈로 있어요?	☐	☐	☐
이거 파란색으로 있어요?	☐	☐	☐

323

—

이게 제일 맘에 들어요.

I like this one best.

best 가장 좋은, 최고의
Which one do you like the best? 당신은 어느 것이 가장 좋나요?

我 最 喜 欢 这 件 。
Wǒ zuì xǐ huan zhè jiàn
워 쮀이 시 환 쪄 찌엔

最[zuì] 제일
喜欢[xǐ huan] 좋아하다

これが一番気に入りました。
코 레 가 이치 방 키 니 이리 마 시 타

一番(いちばん) 제일, 가장
気(き)に入(い)る 마음에 들다

324

—

환불해주세요.

I'd like a refund.

refund 환불하다
Where can I get a refund? 환불을 어디서 하죠?

我 要 退 款 。

Wǒ yào tuì kuǎn
워 야오 퉤이 쿠안

退款[tuì kuǎn] 환불하다

はら もど
払 い 戻 し し て く だ さ い 。

하라 이 모도 시 시 테 쿠 다 사 이

払(はら)い戻(もど)し 환불

교환하고 싶어요.

I'd like to exchange this.

exchange 교환하다, 바꾸다
I'd like to exchange this for another size.
이것을 다른 사이즈로 바꾸고 싶어요.

我 要 退 换 。
Wǒ yào tuì huàn
워 야오 퉤이 환

退换[tuì huàn] 교환하다

こうかん
交 換 し た い で す 。
코-캉 시 타 이 데 스

交換(こうかん) 교환
~したい ~고 싶다

326

—

이게 지금 세일 중인가요?

Is this on sale now?

on sale 세일 중인
Everything is on sale now. 지금 전부 다 세일 중이에요.

这个在打折吗？
Zhè ge zài dǎ zhé ma
쩌 거 짜이 다 져 마

在~[zài] ~는 중
打折[dǎ zhé] 세일

これ、今セール中ですか？
코 레　이마 세 - 르 츄- 데 스 카

セール中(ちゅう) 세일 중

327

—

하나 골라주세요.

Take your pick.

pick 고르다
What should I pick? 뭘 고를까?

帮 我 挑 一 个 吧 。
Bāng wǒ tiāo yí ge ba
빵 워 티아오 이 거 바

挑[tiāo] 고르다
一个[yí ge] 하나

ひとつ選んでください。
히 토 츠 에란 데 쿠 다 사 이

ひとつ 하나
選(えら)ぶ 고르다

328

포장해주세요.

Gift-wrap it, please.

gift-wrap 선물용 포장, 선물용 포장을 하다
Can you gift-wrap this perfume?
이 가방을 선물용 포장해주세요.

请 给 我 打 包 。
Qǐng gěi wǒ dǎ bāo
칭 게이 워 다 빠오

打包[dǎ bāo] 포장하다

つつ
包 ん で く だ さ い 。
츠츤 데 쿠 다 사 이

包(つつ)む 포장하다, 싸다

329

review

	영어	중국어	일본어
이게 제일 맘에 들어요.	☐	☐	☐
환불해주세요.	☐	☐	☐
교환하고 싶어요.	☐	☐	☐
이게 지금 세일 중인가요?	☐	☐	☐
하나 골라주세요.	☐	☐	☐
포장해주세요.	☐	☐	☐

330

—

줄 서신 건가요?

Are you in line?

in line 줄에 맞춰, 일렬로
Please stand in line. 줄 서세요.

你 在 排 队 吗 ?
Nǐ   zài pái duì ma
니   짜이 파이 뛔이 마

排队[pái duì] 줄 서다

並んでますか？
なら

나 란   데 마 스 카

並(なら)ぶ 서다
並(なら)んでる 줄 서 있다

—

새치기 하지 마세요.

Don't cut in.

cut in 끼어들다, 새치기 하다
He cut in line. 그는 새치기를 했다.

不要插队。
Bú yào chā duì
부 야오 챠 뛔이

不要[bú yào] ~하지 마
插队[chā duì] 새치기 하다

<ruby>割<rt>わ</rt></ruby>り<ruby>込<rt>こ</rt></ruby>まないでください。

わ   こ
割り込まないでください。
와 리 코 마 나 이 데 쿠 다 사 이

割(わ)込(こ)む 새치기 하다
~ないで 하지 마

332

—

담배 펴도 되나요?

Do you mind if I smoke?

mind 신경쓰다
Do you mind if I open the window?
창문 열어도 되나요?(창문 여는 것에 신경 쓰시나요?)

我 可 以 吸 烟 吗 ?
Wǒ kě yǐ xī yān ma
워 커 이 씨 옌 마

可以[kě yǐ] ~해도 되다
吸烟[xī yān] 담배 피다

タバコ 吸ってもいいですか？
타 바 코 숫 테 모 이 이 데 스 카

タバコ 담배
吸(す)う 피우다

333

—

들어가도 되나요?

Are you decent?

decent 남 보기 부끄럽지 않은, 남이 들어가도 되는 상태인
Yes, I'm decent. 네, 들어와도 돼요.

我 可 以 进 去 吗 ?
Wǒ kě yǐ jìn qù ma
워 커 이 찐 취 마

进去[jìn qù] 들어가다

はい
入ってもいいですか？
하 잇 테 모 이 이 데 스 카

入(はい)る 들어가다
~てもいい ~도 되다, ~도 좋다

334

—

근처에 화장실 있나요?

Is there a washroom nearby?

washroom 화장실
Where can I find the washroom? 화장실이 어디 있나요?

附 近 有 洗 手 间 吗 ?
Fù jìn yǒu xǐ shǒu jiān ma
푸 찐 여우 시 셔우 지엔 마

附近[fù jìn] 근처
有[yǒu] 있다
洗手间[xǐ shǒu jiān] 화장실

ちか
近 く に ト イ レ は あ り ま す か ?
치카 쿠 니 토 이 레 와 아 리 마 스 카

近(ちか)い 가깝다

335

—

시작합시다.

Let's get started.

get started 시작하다
We need to get started now. 이제 시작해야 합니다.

开 始 吧 。

Kāi shǐ ba
카이 슬 바

开始[kāi shǐ] 시작하다
~吧[ba] ~하자

はじ
始 め ま し ょ う 。

하지 메 마 쇼-

始(はじ)める 시작하다

	영어	중국어	일본어
줄 서신 건가요?	☐	☐	☐
새치기 하지 마세요.	☐	☐	☐
담배 펴도 되나요?	☐	☐	☐
들어가도 되나요?	☐	☐	☐
근처에 화장실 있나요?	☐	☐	☐
시작합시다.	☐	☐	☐

337

걱정해주셔서 고맙습니다.

Thank you for your concern.

concern 걱정, 걱정하다
That's my concern, not yours.
그건 내가 걱정할 일이지 네가 걱정할 일이 아냐.

谢谢你的担心。
Xiè xie nǐ de dān xīn.
씨에시에 니 더 딴 신

谢谢[xiè xie] 고맙다
担心[dān xīn] 걱정하다

しんぱい   ありがと
心配してくださって、有難う
심파이 시테 쿠다 삿 테,   아리가토 -
ございます。
고 자 이 마 스

心配(しんぱい) 걱정
してくれる 해주다

338

—

조의를 표합니다.

I'm sorry for your loss.

loss (사랑하는 사람을) 잃는 것
I feel sorry for your loss. 깊은 조의를 표합니다.

节 哀 顺 变 。
Jié āi shùn biàn
지에 아이 쑨 삐엔

お悔やみ申し上げます。
오 쿠 야 미 모-시 아 게 마 스

お悔(く)やみ 조의
申(もう)し上(あ)げる 아뢰다

339

—

신세를 많이 졌네요.

I owe you a lot.

owe 빚지다
I owe him for saving my life.
내 생명을 구해준 그에게 빚을 졌습니다.

欠 了 你 很 多 人 情 。
Qiàn le　　nǐ　hěn duō　rén qíng
치엔 러　　니　헌 뒤　런　칭

欠[qiàn] 신세 지다, 빚 지다
很多[hěn duō] 아주 많은
人情[rén qíng] 신세

たいへん　　せわ
大 変 お 世 話 に な り ま し た 。
타이헹　오　세와　니 나 리 마 시 타

大変(たいへん) 대단히
お世話(せわ) 신세

340

—

수고하셨습니다.

Thank you for your trouble.

Thank you for~ 당신의~에 대해 감사합니다.
Thank you for working so hard. 열심히 일해주셔서 감사합니다.

辛 苦 了 。
Xīn kǔ le
씬 쿠 러

辛苦[xīn kǔ] 수고하다

お 疲 れ 様 で し た 。
つか　　　さま
오 츠카 레 사마 데 시 타

お疲(つか)れ様(さま) 수고하다

341

—

계속 소식 알려주세요.

Keep me posted.

keep [sb] posted ~에게 ~소식을 전하다
Keep me posted about your progress.
진척상황을 계속 전해주세요.

有 消 息 请 通 知 我 。
Yǒu xiāo xi qǐng tōng zhī wǒ
여우 씨아오 시 칭 퉁 즐 워

消息[xiāo xi] 소식
通知[tōng zhī] 알리다

ときどき　れんらく
これからも時々、連絡をください。
고 레 까 라 모 토키도끼 렌라쿠 오 구 다 사 이

時々(ときどき) 때때로

342

언제 한 번 봅시다.

Let's get together sometime.

get together 보다, 만나다
We need to get together soon! 조만간 만나자구요!

哪 天 我 们 见 个 面 吧 。
Nǎ tiān wǒ men jiàn ge miàn ba
나 티엔 워 먼 찌엔 거 미엔 바

哪天[nǎ tiān] 언제, 어느 날
我们[wǒ men] 우리
见个面[jiàn ge miàn] 한번 보다

いちど あ
いつか一度会いましょう。
이 츠 카 이치도 아 이 마 쇼-

いつか 언젠가
一度(いちど) 한번

343

---

review

	영어	중국어	일본어
걱정해주셔서 고맙습니다.	☐	☐	☐
조의를 표합니다.	☐	☐	☐
신세를 많이 졌네요.	☐	☐	☐
수고하셨습니다.	☐	☐	☐
계속 소식 알려주세요.	☐	☐	☐
언제 한 번 봅시다.	☐	☐	☐

344

—

생각해볼게요.

I'll think about it.

think about~ ~에 대해 생각하다
Don't think about it too much.
그것에 대해 너무 깊이 생각하지 마.

让 我 想 一 想 。
Ràng wǒ xiǎng yì xiǎng.
랑   워 시앙 이 시앙

让[ràng] ~하게 하다
想[xiǎng] 생각하다

かんが   み
考 え て 見 ま す 。
킹가 에 테 미 마 스

考(かんが)え 생각
見(み)る 보다

345

—

결심했어요.

I've made up my mind.

make up one's mind 결심하다
I made up my mind to move to Seoul.
서울로 이사가기로 결심했어.

我 下 决 心 了。
Wǒ xià jué xīn le
워 씨아 쥐에 신 러

下决心[xià jué xīn] 결심하다

けっしん
決 心 し ま し た。
켓신 시 마 시 타

決心(けっしん) 결심

346

—

제 입장이 되어보세요.

Put yourself in my shoes.

put oneself in someone's shoes
~의 입장이 되다, ~의 입장에 서보다
Always put yourself in other's shoes.
늘 다른 사람 입장이 되어봐.

你 站 在 我 的 立 场 看 看 。
Nǐ zhàn zài wǒ de   lì chǎng kàn kan
니   짠   짜이 워   더   리 챵   칸   칸

站在[zhàn zài] ~에 서다
立场[lì chǎng] 입장
看[kàn] 보다

わたし たちば
私の立場になってみてください。
와타시노 타치바 니   낫   테 미 테 쿠 다 사   이

立場(たちば) 입장
なってみる 돼보다

347

—

난 당신 편입니다.

I'm on your side.

be on one's side ~의 편에 서다
Whose side are you on? 당신은 누구 편입니까?

我 支 持 你 。

Wǒ zhī chí nǐ

워 즐 츨 니

支持[zhī chí] 지지하다, 믿는다

わたし みかた
私 は あ な た の 味 方 で す 。

와타시와 아 나 타 노 미카타 데 스

あなた 당신, 너
味方(みかた) 편

348

—

당신 심정 알아요.

I know how you feel.

I know~ 나는 ~을 알아요.
I know how hard you have worked.
당신이 얼마나 열심히 일했는지 알아요.

我 理 解 你 的 心 情 。
Wǒ lǐ jiě nǐ de xīn qíng
워 리 지에 니 더 신 칭

理解[lǐ jiě] 이해하다
心情[xīn qíng] 심정

あなたの気持ち分かります。
아 나 타 노 키 모 치 와 카 리 마 스

気持(きも)ち 마음, 기분
分(わ)かる 알다, 이해하다

349

—

너무 무리하지 마세요.

Don't work too hard.

work too hard 지나치게 일을 많이 하다, 무리하게 일하다
He works too hard. 그는 지나치게 일을 많이 해요.

不要太拼命了。
Bú   yào   tài   pīn mìng   le
부   야오   타이   핀   밍   러

不要[bú yào] ~하지 마
太[tài] 너무
拼命[pīn mìng] 무리하다, 목숨 걸다

むり
無理しすぎないでください。
무리 시 스 기 나 이 데 쿠 다 사 이

無理(むり) 무리
~すぎる 너무~
~すぎないで 너무~ 하지 마

350

---

review

	영어	중국어	일본어
생각해볼게요.	☐	☐	☐
결심했어요.	☐	☐	☐
제 입장이 되어보세요.	☐	☐	☐
난 당신 편입니다.	☐	☐	☐
당신 심정 알아요.	☐	☐	☐
너무 무리하지 마세요.	☐	☐	☐

351

—

좀 도와주실래요?

Can you give me a hand?

give ~ a hand ~를 도와주다
Let me give you a hand. 도와 드릴게요.

帮 我 一 下 ， 好 吗 ？
Bāng wǒ yí xià ,   hǎo ma
빵   워   이 씨아,   하오 마

帮[bāng] 돕다

ちょっと、手伝ってもらえますか？
촛   토, 테츠 닷 테모라 에마 스 카

ちょっと 좀
手伝(てつだ)う 도와주다

352

한 번만 봐주세요.

Give me a break.

give ~ a break ~를 봐주다, ~를 용서하다
Officer, please give me a break! 경관님, 한 번만 봐주세요.

饶 了 我 吧 。
Ráo le wǒ ba
라오 러 워 바

饶[ráo] 봐주다

いちど　　　　　　 ゆる
一 度 だ け 、 許 し て く だ さ い 。
이치도　다　케　　유루시 떼 쿠 다 사 이

一度(いちど) 한번
許(ゆる)す 용서하다

353

—

맘대로 하세요.

Suit yourself.

suit onself 자기 마음대로 하다, 편하게 하다, 좋을대로 하다
I will suit myself and do what I want.
맘 편히 내가 하고픈 대로 할 거야.

隨 便 你 。
Suí biàn nǐ
쉐이 삐엔 니

隨便[suí biàn] 맘대로 하다

ご自由^{じゆう}にどうぞ。
고 지유 니 도 - 조

自由(じゆう) 자유, 마음대로

354

—

당신에게 달려 있어요.

It's up to you.

be up to someone ~에게 달려 있다
This project is totally up to you.
이 프로젝트는 전적으로 당신에게 달려 있어요.

由 你 决 定 。/ 取 决 于 你 。
Yóu nǐ jué dìng.　　Qǔ jué yú nǐ
여우 니 쥐에 띵　　　취 쥐에 위 니

决定[jué dìng] 결정하다
取决于~[qǔ jué yú~] ~에 달려 있다

しだい
あなた 次 第 です。
아 나 타 시다이 데 스

あなた 당신, 너
次第(しだい) 차례

번거롭게 해드려서 죄송합니다.

Sorry for the trouble.

trouble 번거로움, 수고, 노고, 어려움, 골칫거리, 민폐
I didn't mean to cause so much trouble.
폐를 끼칠 생각은 없었습니다.

对不起，给你添麻烦了。

Duì bu qǐ, gěi nǐ tiān má fan le
뛔이 부 치, 게이 니 티엔 마 판 러

对不起[duì bu qǐ] 죄송하다
添麻烦[tiān má fan] 번거롭게 하다

手間を取らせてすみません。

테 마 오 토 라 세 테 스 미 마 센

手間(てま)を取(と)る 번거롭다
手間(てま)を取(と)らせる 번거롭게 하다

356

—

그거 안 됐네요.

I'm sorry to hear that.

sorry to her that~ ~을 들어서 안타깝다
I'm sorry to hear that your father passed away.
아버님이 돌아가시다니 안타깝습니다.

太 遗 憾 了 。
Tài yí hàn le
타이 이 한 러

遗憾[yí hàn] 안 됐다, 아쉽다

ざんねん
それは残念ですね。
소 레 와 잔 넨 데 스 네

残念(ざんねん) 유감스러움, 아쉬운 모양

	영어	중국어	일본어
좀 도와주실래요?	☐	☐	☐
한 번만 봐주세요.	☐	☐	☐
맘대로 하세요.	☐	☐	☐
당신에게 달려 있어요.	☐	☐	☐
번거롭게 해드려서 죄송합니다.	☐	☐	☐
그거 안 됐네요.	☐	☐	☐

어디에서 내려야 하나요?

Where do I get off?

get off 내리다

You need to get off at Seoul Station. 서울역에서 내려야 해요.

我 应 该 在 哪 里 下 车 呢 ？

Wǒ yīng gāi zài nǎ li xià chē ne

워 잉 까이 짜이 나 리 씨아 쳐 너

应该[yīng gāi] ~해야 하다
在~[zài] ~에서
下车[xià chē] 내리다

どこで 降りたらいいですか？

도 코 데 오 리 타 라 이 이 데 스 카

降(お)りる 내리다
~たら いい ~면 되다

359

—

몇 정거장 더 가야 하나요?

How many stops to go?

stops 정거장
There are four stops left. 네 정거장 남았어요.

还要坐几站?

Hái yào zuò jǐ zhàn
하이 야오 쭤 지 짠

还要[hái yào] 아직~ 해야 하다
坐[zuò] 타다
几[jǐ] 몇
站[zhàn] 정류장

停留所(ていりゅうじょ)をいくつ行(い)ったらいいですか?

테- 류죠 오 이 쿠 츠 잇 타 라 이 이 데 스 카

停留所(ていりゅうじょ) 정류장
いくつ 몇개
~たら いい 면 되다

360

—

얼마나 걸릴까요?

How long will it take?

take 걸리다

It'll take 10 days to fix this. 이걸 고치려면 10일 걸릴 겁니다.

需要多久？

Xū yào duō jiǔ
쉬 야오 둬 지우

需要[xū yào] 필요하다, 걸리다
多久[duō jiǔ] 얼마나 오랫동안

どれくらい掛かりますか？

도 레 쿠 라 이 카 카 리 마 스 카

どれくらい 얼마나, 어느 정도
掛(か)かる 걸리다

361

—

길을 건너야 해요.

You have to cross the street.

cross 건너다
If you cross the street, you can see our company.
길을 건너면 우리 회사가 보여요.

你 要 过 马 路 。
Nǐ yào guò mǎ lù
니 야오 꿔 마 루

过[guò] 건너다
马路[mǎ lù] 길

みち わた
道 を 渡 ら な け れ ば な り ま せ ん 。
미치 오 와타 라 나 케 레 레 바 나 리 마 센

道(みち) 길
渡(わた)る 건너다
~なければならない ~해야 하다

362

—

제가 구경시켜 드릴게요.

I'll show you around.

show ~ around ~를 구경시켜 주다
Please show me around the office. 사무실을 구경시켜 주세요

我 带 你 逛 逛 。

Wǒ dài nǐ guàng guang

워 따이니 꾸앙 구앙

带[dài] 인솔하다
逛[guàng] 구경하다

私 が ご 案 内 し ま す 。
わたし　　　　あんない

와따시가 고 안 나이 시 마 스

案内(あんない) 안내

돌아갈 시간이에요.

It's time to go now.

time to ~ ~해야 할 시간이다
It's time to sleep. 잠자야 할 시간이야.

我 们 该 回 去 了 。
Wǒ men gāi huí qù le.
워 먼 까이 훼이 취 러

该[gāi] ~해야 하다
回去[huí qù] 돌아가다

かえ　　じかん
帰 る 時 間 で す 。
카에루 지 캉 데 스

帰(かえ)る 돌아가다
時間(じかん) 시간

364

---

review

	영어	중국어	일본어
어디에서 내려야 하나요?	☐	☐	☐
몇 정거장 더 가야 하나요?	☐	☐	☐
얼마나 걸릴까요?	☐	☐	☐
길을 건너야 해요.	☐	☐	☐
제가 구경시켜 드릴게요.	☐	☐	☐
돌아갈 시간이에요.	☐	☐	☐

365

—

드디어 완성!

Finally we're done!

finally 마침내
be done ~을 마치다, 끝내다
Finally I'm done with my homework. 마침내 숙제를 끝마쳤어.

终于完成了!

Zhōng yú wán chéng le

쭝　위완청러

终于[zhōng yú] 드디어
完成[wán chéng] 완성하다

ついに出来た!
でき

츠이니데키타

ついに 드디어
出来(でき)た 다 됐다

대한민국 1세대 스타 영어강사이자, 영어방송인, 동시통역사이다. MBC FM ⟨Lets' Go English⟩, SBS FM ⟨박현영의 Music Hot Line⟩, KBS 1R ⟨월드 리포트 지금 세계는⟩의 DJ 로 큰 사랑을 받았으며, SBS TV ⟨박현영의 Sing Sing 영어⟩와 EBS TV ⟨리스닝 스페셜⟩ 등의 방송 프로그램에서도 MC와 VJ로 활발하게 활동했고 여러 국제행사에서 영어 MC를 담당했다. 딸 현진이의 유창한 영어실력을 책임진 '수퍼맘 잉글리시' 교육법으로 유명하며, 중국어와 일본어를 비롯한 왕초보 다국어 학습 콘텐츠를 꾸준히 개발하고 있다. ⟨문화일보⟩에서 연재된 '세 마디로 통하는 여행영어'와 '세 마디로 통하는 비즈니스영어'는 초급학습자들 사이에서 유명한 콘텐츠다.

공식 유튜브 www.youtube.com/c/수퍼맘박현영TV
공식 인스타그램 @supermom_jinny
네이버 카페 '수퍼맘스토리' www.supermomstory.com

3개국어 기초회화 다이어리

초판 1쇄 발행 2017년 1월 6일 초판 8쇄 발행 2023년 3월 29일

지은이 박현영
펴낸이 이승현

출판2 본부장 박태근
W&G 팀장 류혜정
디자인 디자인팀

펴낸곳 ㈜위즈덤하우스 출판등록 2000년 5월 23일 제13-1071호
주소 서울특별시 마포구 양화로 19 합정오피스빌딩 17층
전화 02) 2179-5600 홈페이지 www.wisdomhouse.co.kr

ⓒ 박현영, 2017

ISBN 978-89-6086-309-5 03700